愛情非童話

給妳的床邊故事

鄧惠文 著

〈自序〉

十年

《給妳的床邊故事》（我自己最初的書名）十年了。

書寫這些故事時，我是個沒沒無聞的人。當時書寫完全沒有包袱，沒有那種「要寫出有用建議」的壓力。這些故事最早是為音樂網站KKBOX的專欄所寫，給我這個機會的貴人邀我「當個業餘作家」，雖然偶爾以「精神科醫師」的角色在書中跳出，我並沒有必須傳達專業知識的預設，而是專注地描繪所見所感。之後故事結集，靜靜地出版，印量也很少。如今回顧，那時心境的自由和文字的活力，就像失去的青春一樣，不再可得了。

年輕時有年輕時能寫和能做的事，現在有現在能寫和能做的事。就讓這些心的故事再次結緣，並附上新作〈大齡女子〉，願能穿梭時空，重訪無畏美好的初衷，亦能滿足於當下。

鄧惠文

CONTENTS

輯1

About Love

女人的愛情考古題

輯2

Cherish Love

重新遇見男人幸福論

輯3

Except Love

女人更幸福的選擇

好嚮往愛情熾烈時的溫暖，好討厭愛情熄滅時的寒冷。

妳全心全意地愛，他卻說壓力好大？
妳需要熟悉「戀愛的行為制約」，改變結果的「海豚原理」……

妳眷戀舊情人的溫柔，他卻反覆不定？
妳需要培養「聰明女人的愛情智商」，發現瞭解他、掌握他的秘密……

妳總在為他尋找藉口，卻看不到愛情的答案？
妳需要釐清「愛情心盲症」和「心理防衛機轉」……

妳為他穿戴重重面具，結果他愛上的不是真正的妳？
妳需要覺察自己在愛情中進行的「蝙蝠飛行」……

妳捨不得讓別人接收男友，拖延著病入膏肓的感情？
妳需要採用「愛情的資源回收」……

妳還在愛情與麵包之間猶疑？
妳總是被指控為愛吃醋又小心眼？

別擔心，妳會在這些故事裡重新感覺溫暖……

輯1

About Love

女人的愛情考古題

寂寞冬日的取暖方法

冬日天冷，人們總是容易多愁善感起來。我是個精神科醫生，最怕這種季節了。

看門診的時候，我對複診病人說的第一句話通常是：「最近還好嗎？」每逢歲末寒冬，幾乎從第一個到最後一個病人，都會異口同聲地說：「不好！」大家哀的聲、嘆的氣，就這樣飄散在診間，久久不散。往往在下診後，自己照到鏡子時嚇一大跳，怎麼我也長出一張苦瓜臉來。

不僅如此，下了診也不得清閒啊。因為朋友們都要找我。首先是朋友Amy打電話來，女性，三十四歲，單身。「喂喂，又要跨年了怎麼辦咧？」

「跨年還有什麼怎麼辦？不是腳一伸就跨過去了！」不管是聖誕夜、跨年夜、除夕夜，反正就是夜深人不靜，每逢佳節倍孤單。Amy這樣問我已經好多個年頭了，如果要以病歷記載的形式來描述，她這個病是在八年前跟男友分手後開始的。平常都沒事，可是只要遇到節日，不管什麼節，她都會復發，從百貨公司擺出這個節日的應景商品開始，她對那個男人的思念就會甦醒——

「我後悔當初為什麼不能忍一忍再撐下去。」

「其實他有時候也滿疼我的。」

「我們不吵架的時候很快樂。」

這些話不知道重複幾百遍了，很像是電腦病毒到了預設的日期就會啟動那樣，擋也擋不住，掃也掃不掉。

更糟糕的是，Amy還很怕冷，所以冬天她會更想找回可以一起「窩燒」的情人。的確，冬天的時候，Amy的手腳總是像冰塊一樣，有一次我們去旅行睡同一張床，我整晚都夢著赤腳在冰原上行走，原來是因為她的腳不知覺地擱在我腳上。

現在鬱悶的她又在MSN上說：「喂喂，快冷死了，怎麼辦啦？」

怕冷的女孩……不，應該說怕冷的女人，在沒有男人的寒冬裡，該如何

取暖呢？

去年聖誕節也是這樣被Amy煩到不行，她說已經喝掉很多中將湯和四物湯了，還是沒效。我們幾個好友決定為她找個能溫暖心靈的禮物，那是一隻約克夏犬，希望能藉此取暖，並且排遣寂寞。

經過獸醫Grace的千挑萬選，這隻狗狗算是相當優秀的，除了基本的散步、被遛、撿球之外，牠可以陪Amy逛街六小時不吵不鬧，還會陪她睡覺而不尿尿在床上，也從不去咬她在「寬庭」買的超貴床單。

剛開始，Amy果真覺得好多了。她花了許多精神選購狗狗的小衣服、飼料盤、小房子和各種狗玩具，到哪裡都帶著牠。據說，在街上、公園或商店裡，可愛的約克夏為Amy贏得了不少讚賞的眼光。

終於有一天，一位斯文的男士牽著自己的狗上前跟Amy寒暄（姑且稱他為愛狗先生吧），主人相談甚歡，狗狗也互相追逐、相處融洽，一段緣分就這樣開始了。Amy請我們吃飯道謝，大家都很興奮。

結果，這段戀情只維持了兩個月。某個早晨愛狗先生在遛狗時，說出了所有Amy前男友們說過的話：「我覺得我們不太適合。」在她的追問下，他說出了原因：「我不習慣對一個人完全透明。我需要有出去透氣的時候。」

他理直氣壯地看著Amy，說出了非常經典的結論：

「連狗狗也需要出去透氣的自由，何況我是個男人！」

戀情結束了，Amy睹物思人，看到狗就傷心，她拜託我們把狗狗帶走。我試著養了一個禮拜，不過因為常值班不在家，狗狗好像被關壞了，出現憂鬱症的症狀，整天無精打采，反應遲鈍，嗚嗚地呻吟。我打電話跟Grace求救，call了三天才找到人，她實在太忙，人氣太旺了！我不禁感嘆：**為什麼Amy會這麼寂寞，而Grace總是忙著挑選今天要穿什麼衣服去約會呢？**

相信我，這絕不是長相的問題。若要論身材、外貌，說真的，一般人都會說Amy比Grace漂亮噢。這樣比較兩個好朋友，在女生的友誼之間應該是一種禁忌吧！不過我現在這樣說已經沒關係了，因為她們早已為這種事鬧翻絕交過，後來又釋然和好了——

那是某年的情人節晚上，大家一起在pub慶祝沒男人的情人節，Amy喝醉了酒大哭：「為什麼？為什麼我身邊就是沒有男人？妳們條件有比我好嗎？」照理說，有男友的Grace當天本來不該出席，但是重義氣的她在燭光晚餐後，就拋下還在刷卡付帳的男友來了。Grace與高采烈進來的時候，手上捧著那種九百九十九朵玫瑰的花束，滿臉鼻涕眼淚的Amy一看更是悲從中來，一把搶下花束砸在地上，「妳們這些玩弄男人的女人！妳有沒有告訴他妳同時還跟James還有Jonathan在一起！還有Peter也還會找妳對不對？妳一個人用那麼多男人做什麼？那我們怎麼辦？」

Amy聲嘶力竭地哭著，所有不理性的話都出口了：「大家都知道我長得比妳漂亮！妳連蛋都不會煎！妳房間都是貓毛……」在她哭倒之前，終於吐出內心深處一切不平的總結：「妳根本就不是用真心在談戀愛！而我每次都那麼用心，為什麼男人卻說跟我在一起壓力太大……嗚嗚嗚……」

Grace的臉異常地扭曲，轉頭就走了。我把Amy帶回家睡了一夜，她吐得亂七八糟，睡夢中還不斷囈語叫喊著，大概是前男友的小名吧。被吵得睡不著的我，只好起來坐在床邊，看著Amy烏黑凌亂的長髮披散在我的枕頭上，如果我是男人，應該會對這美麗的動物有點心疼吧，而且她的個性也絕不能說是不好，她對男人的體貼，是我們都望塵莫及的。

到底為什麼男人總是要離開她呢？

Amy與Grace對感情的態度真的是完全不同。Amy要開始一段感情之前，必定精挑細選，首先思考彼此的個性、興趣、背景、未來等等，接著謹慎地逐步發展兩人的關係。不過，一旦通過她的評估，她對於這段感情和這個男人就會百分之百的投入。她把自己的行程調整到最大的彈性，每天都等男人通知今天要不要碰面之後才作最後定案。她會依照男人的意見改變穿著與髮型；與男友的朋友聚會時，她會幫男友挾菜、剝蝦子、遞紙巾；她幫男人洗衣服、燙襯衫；她燒得一手好菜。套句Amy自己的說法：「這難道不是男人的夢中情人嗎？」

因為她永遠以完全的心思與注意力來對待男人，所以Amy覺得自己有權相對地要求高品質的關係，例如，她堅持男友的行蹤應該完全透明，男友心不在焉時，她會追問：「為什麼你不看我？」男友想從事一些興趣或活動，她都會跟著一起去，「我可以為你學習任何的活動。」她總是興奮地說。幾次的戀愛下來，Amy真的學了不少技能——籃球、棒球、撞球、甚至是飆車。不幸的是，她的男人總會在某天突然行蹤不明，任憑Amy狂call也不接電話，事後也交代不清。Amy始終無法接受這種行徑，接著就是分手。然後寒冷的季節年年來臨。

而Grace，一個冬天也穿迷你裙，從來不怕冷的女人，她對於Amy做好女人的原則完全嗤之以鼻：「我不來那一套！」奇怪的是，Grace的男人反而還比較可掌握些。至少她從來不會為了call不到男人而抓狂。許多朋友對此百思不解，甚至吃味在心，但依我專業的眼光看來，只需要一點簡單的心理學就可以解釋了嘛。

那就是——**戀愛的行為制約！**

聽過心理學著名的「行為制約」嗎？如果妳希望訓練一個人（或是動物），使他養成某種行為，妳必須在他做對的時候給予獎勵，做錯或不做的時候給予懲罰（或者比較溫和一點——讓他得不到獎勵）。這個原則大家在學校

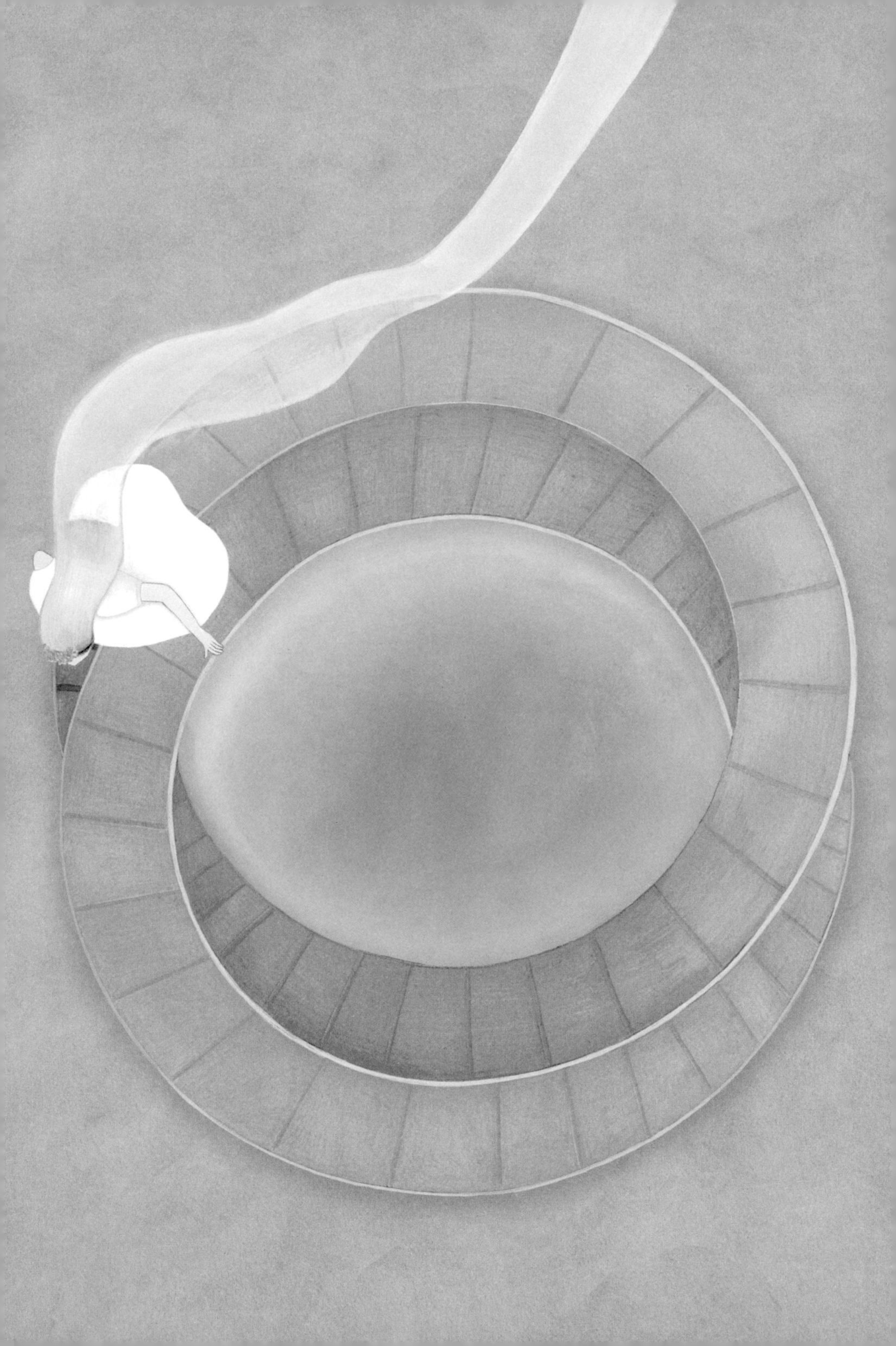

都唸過，許多個案乍聽之下，都會說：「我知道啊！我試過啊！但對我男友沒效！」慢慢地，經過我們的仔細推敲，才發現並非男友具有例外的「頑抗性」，而是自己不諳箇中奧妙，或者一談戀愛就失去理智，把所學的都忘了。

我並不認為談戀愛都要像作戰一樣地操弄心機，畢竟愛情本來就要盲目才有美感，我自己也常甘願傻傻地談戀愛，飽嚐為愛痛苦的詩意。但是，像Amy這樣，從開始交男朋友就一直受挫，痛苦超過十幾年，已經不是甘願，而是無力了！這時候，如果能藉由心理技巧為她加持一下，應該比較好吧。

其實，行為制約最重要的秘訣有二：

一、嚴守「做對才給獎勵」的原則

絕對不能持續供給獎勵，這會造成行為動力的薄弱。就像Amy，她一開始就把所有能給的好處都掏盡了，不管男人如何對待她，她提供的溫柔、體貼與照顧已經在那裡、而且一直在那裡！結果她沒有其他能夠作為獎勵的東西了，自然無法訓練男人照她期待的方式去改變行為。

如果還不瞭解，不妨想想小時候在海洋世界看過的海豚表演——**如果妳的海豚每天都吃得很飽，根本不在意妳手上的鮮魚，妳如何利誘牠表演特技呢？**

我們Grace就不是這樣，可能因為她作獸醫久了，常常訓練動物，所以對於行為制約比較得心應手吧！她會在男人讓她覺得滿意時給予熱烈的回饋，而且這種回饋不是每天都有，因此刺激的程度更強。這就是行為制約的第二個秘訣——

二、切勿每次都立刻給予獎勵

如果每次對方表現良好，就立刻給予回饋的話，會讓對方完全掌握獲得獎勵的途徑，於是，他會覺得平常不需要費力去做這些被期待的行為，等到需要那些獎勵時再做就好了。

我想這已經足以解釋，為什麼Grace的mailbox裡永遠塞滿了熾烈的哀號：「噢！Grace，我的女神！為什麼妳總是捉摸不定？」這是邀請她跨年夜共度倒數時刻的E-mail開頭。

我把這一切仔細地分析給Amy聽，她歪著頭仔細地寫著筆記。最後，她以無比委屈的眼神說：「我都有做到啊！」

「妳？妳到底有沒有聽懂哇？」我簡直不敢相信自己的耳朵。

「我，我對狗狗都有這樣做啊！」

或許，Amy所欠缺的，是把男人當作狗狗吧……別誤會，我並沒有對男士不敬的意思——我是想，狗狗被關在家裡一個禮拜，牠就出現憂鬱症症狀了！何況是生性愛好自由的男士呢？我想告訴Amy，女人費盡心思經營溫暖的窩，邀請男人進駐之前，或許可以想想，男人會不會跟所有的動物一樣（那就包括狗狗囉），有其心理學的天性——

如果妳用對方法，他會樂意地被妳豢養；如果妳用錯了方法，也可能變成一場虐待動物的噩夢。

無論如何，這一個新年，Amy跟她的愛情心理學筆記，Grace不知跟哪一個幸運兒共度，而我，就跟許許多多的病人一起，各自用各自的方法取暖了。

嘿，那妳呢？

舊情人的溫柔

最近在門診看到一個很久沒來的病人，Maggie。幾年前因為男友出軌而結束一段戀情時，她來看我，那時候她真的很糟。經過數十次的諮商會談，她的心情終於平復。我還記得，最後一次看診時她剛燙了頭髮，神采飛揚地，還送了我一張漂亮卡片，說她決定要好好愛自己，為自己活。

「最近怎麼了嗎？」

她有點靦腆地看著我，過了幾分鐘，才很艱難地說出：「他又來找我了。」

她猶豫著要不要繼續說下去，看著我的樣子好像一個怕挨罵的小孩。她覺得吃回頭草的自己有點丟臉。的確，想當初我們花了好大的力氣才把她的生活調回正常，現在又要為同一個男人重來一次……

我有一個同事，總是無情地說這類個案「浪費醫療資源」，他總是斬釘截鐵地告訴病人：「Never go back!別走回頭路！」

但我並不這樣想。

妳有過舊情人嗎？在妳還愛他的時候離去的舊情人？

如果有過，妳一定會瞭解那種無奈。過去的愛情，以為自己在掙扎過後已經逃脫的深淵，其實還在心底，所謂的復原，似乎只是做了一個蓋子把它封住，讓自己不再能輕易地向其中凝望，因為每一次凝望，就會像傷口失血一樣，被那深不見底的黑洞吸走許多力氣。封上蓋子之後，妳每天努力地過生活，希望能夠藉著忙碌，產生向上提振的力量，用以對抗來自心底深淵的呼喚。

或許在別人眼中，妳看起來很正常，但是只有自己知道，每天早晨睜開眼睛時，那種身體無法離開被窩的沈重——又是見不到他的一天，也就是無可期待的一天，實在很難起來，運轉中的世界對妳並沒有吸引力。最後不得不為上班而起床，投入一天的行程，然而只要稍有空檔，他說的某一句話，他的某種笑容，或是他的氣味，總會席捲妳的心思，帶給妳的心靈一陣暈眩。妳在心底數著日子，隨時可以說出這是分手後的第幾百零幾天。

當然，事情也可能在妳有了新的情人之後稍稍好轉。但是，多情的妳還是會在心裡為舊情人保留一個角落。跟現任男友吵架的時候、他聚精會神看足球轉播而冷落妳的時候，甚至是他搞不清楚妳的喜好而買錯了冰淇淋口味時，妳都可能無可救藥地遁入那個角落，對著心中的舊情人吶喊寂寞。

Maggie就是在這種日子裡，突然接到前男友的來電。

「在忙嗎？」是他，這個讓她呼吸困難的聲音。若無其事地打來，好像兩人之間什麼尷尬也沒發生過。而且他也沒說「我是某某」之類交代身分的話，好像Maggie永遠應該認得他的聲音。

之前她曾經在腦中演練了幾百次「如果他打來」的應對，在她的計畫中，她正確的台詞應該是——「請問你哪位？」「有事嗎？我在忙……」「吃飯？改天再看看。」

然而，這時她卻像一隻被幸福眷顧的快樂雲雀，完全脫離她自己的劇本而演出——

「是你！我不可能忘記你的聲音！」「不忙不忙，你說。」「吃飯？好啊，我每天都有空。」

她迫不及待地答應了他的邀約，幻想這是一個新的開始——「這次我們不會再犯錯！」

剛開始的確很美好，還有什麼比一個瞭解自己的男人更好呢——他知道她許多的習性與癖好，例如，喝紅茶時加奶精而不是檸檬；她穿高跟鞋時不可以把車停在距離太遠的地方；走路或在餐廳入座時要保持在她的左側，因為她覺得自己左臉比較好看。還有，或許是最重要的——他總是準確地知道什麼時候該給她一個輕吻或擁抱。

然而，在幾次浪漫的約會後，她明白：**他並不打算開始什麼，更不打算繼續什麼。**

「我知道現在我們只是好朋友。但是，為什麼我的心情還是會被他牽動。整天等著他打電話來，如果他沒有打來，就會控制不了，覺得很失落、很焦躁，因為無法掌握他的情況而不安……真受不了自己！為什麼會有剛開始談戀愛一般的心情……」

我看著她，心裡想著，或許這真的是一段愛情，不過，我們不是已經知道結果了嗎？

Maggie，妳是最清楚的——妳跟他分手的原因在於你們對人生、對伴侶抱持迥然不同的態度啊。妳不是說，不要兩個人之間還有第三者的擁擠世界？妳不是說，自己可以獨立，不需要委曲求全，為了逃避一點寂寞而忍受長期的焦慮？

我沒有把這些話說出口。我知道，現在說這些是沒有用的，這些她都知道。其實，最令Maggie懊惱的就是自己明明都知道，卻身不由己地再次陷入。不只是Maggie，我想到身邊許許多多的女性，都曾有過類似的經驗，她們常自嘲「這個男人是我的罩門」、「他是我的死穴」。她們周遭親朋好友的說法總是這樣：「這個女人平常聰明得不得了，能幹得不得了，但是只要碰到這個男人的事，就立刻變成傻瓜。」

聰明的女人＝愛情的傻瓜？

很多人討論過ＥＱ（情緒商數），指的是一個人管理情緒的能力，一個人光有高智商（ＩＱ）不一定會成功，必須輔以良好的ＥＱ，才能把自己的ＩＱ智能充分地發揮。我突然覺得，為了女人，我們更應該好好研究一下ＬＱ——愛情智商。或許男人可以在工作的領域裡達到自我實現的成就感，但對大部分的女人而言，事業與工作是一回事，但自我永遠有一個缺口，等著被愛情填滿。然而，愛情的滿足就像永遠達不到的業績指標，女人願意一次又一次跌跌撞撞地奮力去追求。

聰明女人與愛情傻瓜之間的關連，在於：**越是聰明的女人，越難接受自己在愛情關係上的挫敗**。在相處時，因為太聰明，容易看穿對方的藉口或謊言，發現他脫軌或不忠於承諾的行為；因為太聰明，無法裝笨或睜一隻眼閉一隻眼，吵架時堅持要得到滿意的結論，結果不得不分手。而分手後，難以接受一向做什麼都很完美的自己，為什麼會弄不好這段關係，或是得不到一個男人。在長期的懊惱與失落之中，開始懷疑自己的能力（或者該說是魅力）。然而，最糟糕的還在後面——如果那個罩門死穴的男人再度出現，聰明女人會更想抓住他，不管是修復也好，再創新關係也好，都能讓她忘記自己在這段愛情上曾經失敗。

因此，在女性ＬＱ——這門愛情能力的深奧學問裡，我相信「舊情人」的難題值得被安置在第一章。對於Maggie的舊情人，更明確的定義應該是：

一個反反覆覆，無法掌握；在一起時想逃跑，分手後又跑回來；見面時很熱情，不見時像蒸發的男人。

Maggie要我解答她最大的困擾：「到底他把我當作什麼？」

「如果他愛我，把我當女朋友，怎麼會這樣三天兩頭音訊全無，也看不到一點對未來的打算。」

「如果他不愛我，為什麼要回來找我？如果只把我當作普通朋友，為什麼要跟我有親密關係？」說到這裡，Maggie更加地難過起來，「難道他只把我當作無聊時的消遣嗎？」

啊，Maggie，妳的問題就在這裡，或者應該說，我們的問題就在這裡——

為什麼女人總是會被「定義」絆住呢？如果是女友，就應該如何；如果不是女友，又應該如何。偏偏男人對定義的操作往往跟女人不同。男人為什麼可以在關係上比女人享有更大的自由度？

跳脫定義吧。

感覺一下內心的需求，妳會知道自己想要什麼。如果妳覺得跟他約會很快樂，就跟他約會。但不要用小女孩初戀般的心情與他相處。告訴自己——這不是舊情再續，只是比零交集好一點的互動。試著把他當作一個普通、或者有點特別的朋友，這樣就好。

Maggie說：「我做不到耶……為什麼我總是要把期望寄託於他而不死心呢？好的時候那麼好，轉身卻能變得那麼疏離。真是個奇怪的人。」

是嗎？那麼，試著這樣想想，或許就是因為無法掌握，使妳特別想去完成吧。明明知道跟他相處就只能這樣而已，無法滿足妳對愛情的極致需求，但卻不理性地一直想從他那裡壓搾出一點承諾。忘了在他愛妳最熱烈的時候，妳都無法掌握他的心思與行蹤，更何況是現在。

Maggie再度怨嘆：「好討厭！為什麼我無法瞭解他？為什麼我無法掌握他？又為什麼我要愛上一個這樣無法瞭解和無法掌握的男人？」

瞭解他？其實，Maggie，妳很瞭解他——瞭解他的難以瞭解！

掌握他？他就是這樣一個不被掌握的人，反正世界上也不會有別的女人比妳更能掌握他。

愛上他？妳以為是他的善解人意、溫柔殷勤、獨一無二，讓妳無法自拔。但或許是，妳不願接受挫敗的自我執著，不斷維持著對舊情人永恆的欲望。其實，那是妳對完美自我的欲望，他只是這種自我欲望的投射對象而已。

妳最愛的，其實是自己啊！

這是好事——如果妳最終能夠看清這一點的話。妳不再需要舊情人說「妳還是跟以前一樣美麗」，好像是在逐漸衰退的美麗線上倖存一樣。妳真正想要的，是被更多人看見，妳越來越棒了，一點一點地，更加地自在。

而舊情人的溫柔，只是妳在成熟過程中，激發光彩的一些熱能。還是應該謝謝他們，不過，謝謝就好。

看不見的答案

有一個女孩ＪＪ，看到我的專欄之後跑來找我，她說她活得很痛苦，因為交往了兩年的男朋友幾個月前開始對她很冷淡，她忍無可忍之下提出分手，男友竟然立刻同意了。事後她想想，覺得男友早就想分手，所以故意藉著冷淡讓她受不了，用這種方式使她自己說出要分手。

「也就是被動的主動——我被逼著主動提出分手。」她說。

她覺得好像被騙了，很不甘心，每天打電話給他，對方如果不接電話，她便不辭辛勞地從台中開車到台北，在家門口等他。「每次找到他時，他並沒有責怪我，也沒說叫我以後不要來了。」她問：「你不希望見到我嗎？」但男人從不正面回答。她又問：「你不愛我了嗎？」男人也沒回答。

她很生氣地向我傾訴：「我是個黑白分明的人，我只要一個答案，如果他明白地告訴我他不愛我、不想見我，我就不用一直去找他，可是，他為什麼連一個答案都不肯給我！」

這是一個找答案的女人。

Lily也是一個找答案的女人。她喜歡一個男人很久了，每天絞盡腦汁，找機會去接近那個男人，例如請他指導工作上的難題，事後以答謝為名義，約他去吃大餐。男人並沒有拒絕，但也從來沒有主動約過她。在Lily的安排下，他跟她一起去旅行，住在同一個房間過，不過什麼也沒發生。這樣過了一年多，Lily含蓄地問他：「你覺得我怎麼樣？」他只說：「妳滿不錯的啊。」Lily不敢再問下去。苦惱時她跑來問我：「我好想知道，他到底愛不愛我？」

「為什麼他不給我個答案呢？」

還沒經歷過失戀和單戀之前，我總是想不透為什麼這些女人會看不到答案。像ＪＪ，我一定會想問她：「妳要的只是一個答案嗎?如果那個男人給了答案，講明他不愛妳，妳真的會比現在好過嗎？」我還想說：「妳是在欺騙自己吧。其實答案就在眼前，他不想跟妳在一起，只是妳不願意承認而已。」這不只是我一個人的看法，ＪＪ身邊的許多朋友也這麼說。而關於那個男人愛不愛Lily，冷靜的旁觀者應該都會說「ＮＯ」吧。

這種清楚得不得了的事，還抱怨對方沒給答案，她們是不是腦筋有問題啊？

然而，等我自己失戀過之後，就完全能夠體會她們的情況了。

有一個男人，從開始在一起的時候，他就常說要早日讓我自由，不要耽誤我的青春。我覺得他對我非常好，很談得來，相處很愉快，總之除了不主動約我、不回信、不談將來和不把我介紹給朋友、家人之外都很好。（啊，妳可能在笑了？或許妳開始嘀咕——這樣對妳還算好嗎？）

不過，女人真的常有這種一廂情願、執迷不悟的想法，ＪＪ或Lily也是這樣說——「反正就是覺得他對我很好！」

別人都不認為好，自己也無法解釋這算哪門子的好，但就是堅稱「他對我很好」，無論如何都不肯質疑這一點，只是拚命怪自己，整天苦思：「他對我很好，為什麼我不快樂？」

「是不是我太貪心了？」

「是不是我太沒有安全感了？」

女人幫男人找了許多理由，這些理由往往好到連男人都想不到，或者連男人都自知過分而說不出口，但女人卻心甘情願地相信。

例如：「他就是這樣的人。」「他生性自由。」「他不習慣承諾。」「他不喜歡受約束。」這些理由可以讓很多女人變得耐力超強，年復一年地耗下去。

當我還陷在其中痛苦不堪的時候，大部分的朋友都保持緘默，大概是覺得我中毒太深，不然就是頭腦短路，只有兩個人給我評語——一位就是我的同學Grace，某日喝下午茶時，耐心地聽我描述了三個小時，之後她很直接地說：「妳解釋得很複雜，但依我看答案很簡單，就是他沒那麼愛妳嘛。」另一位是我的妹妹，有一天凌晨兩點，她跑來敲我的房門，說：「我本來不想管的，可是妳已經連續三天

哭一整夜，吵得我睡不著，妳到底是什麼毛病？」我把自己轟轟烈烈的愛情苦惱詳細地告訴她，她睡睡醒醒總算聽完後，強忍怒氣地說：「妳要笨死自己沒關係，不要因為笨而吵到別人不能睡覺。」

之後我再也沒有得到任何對那段關係的建議了，因為我賭氣不跟Grace聯絡，也好幾個月不跟我妹講話。現在想起來，真是所謂的「忠言逆耳」。

忠言逆耳，真的。十年前我剛開始當精神科醫師時，曾經不識好歹地對一個個案說出「忠言」。那是一個中年女士，因為先生半年來都愁眉苦臉，她不知如何幫助他而來找我諮商。這位女士描述了夫妻之間的對話，每次她問先生為什麼煩惱，先生就會發脾氣，他說：「妳不要管我！」

太太堅持：「我是你老婆怎能不管你呢？我想幫你啊！」

先生更加暴躁：「妳想幫我？妳能讓我離開這個家嗎？」

太太不解：「你為什麼要離開這個家？離開我們，你就會快樂嗎？」

先生說：「對！我想要離開，我就是因為不能離開才痛苦！」

這位太太告訴我，她認為先生自己也不知道為何煩惱，希望我能指點她如何去瞭解先生。

坦白說，我聽了她的問題後，心裡想的是：「不會吧！妳在裝蒜嗎？」不過，我當然沒有這樣說，而是委婉地問她：「妳想先生可能有外遇之類的問題嗎？」她不假思索地說：「不可能！」我很想知道她是如何判斷的，但她說：「不用判斷，我知道他不會外遇！」她的口氣非常不悅，我知道我錯了，不該這樣問。然而一個月後她回來找我，她先生留下一封信離家出走，信中說明了他有外遇已經一年多，這位太太很困惑地問我：「醫生，妳為什麼一下子就聽出他有外遇？我怎麼聽不出來？」

雖然這種事較常發生於女人，但我必須強調，不只是女人會看不見明顯的答案，男人也會，而且一旦發生，往往還更嚴重。

我記得有一個男性個案找過我，他說太太堅持要離婚，他想不通為什麼，拚命地問太太，卻怎麼都問不出答案。我問他太太怎麼回答，他說：「什麼都沒說。」我不太相信會是這樣——丈夫問妳「為什麼要離婚」，好歹也要編個理由吧？這可不是問妳「為什麼又買了看起來一樣的衣服」，很難用傻笑或沈默混過去吧。

我要他一想再想，但他始終堅稱太太什麼都沒說。我覺得他根本沒有嘗試回憶太太說過的話，只想不斷地強調：「我們一直處得很好。我不抽菸、不喝酒、不應酬、不交女朋友、工作認真、對小孩很用心、對她父母很尊敬……」大概說了二十次，那次看診我簡直快要坐不住了。最後我只好請他回去認真記錄太太說的話，不管說什麼都要記下帶來給我看，不然我無法幫忙。

只過三天他就回來了，他說：「我回去又問她為什麼要離婚，太太說她已經回答過很多次了。可是我真的一點印象都沒有！」這次為了記錄，他總算聽進太太說的理由了——

她說的是：「我對你沒有感覺。」「我想要自由。」「我想要像單身的人那樣，想跟誰在一起都可以。」

我這次比較老練了，不再像十年前對那位太太那麼直接，只是點點頭，問這位先生：「那你現在得到答案了嗎？」他說：「還是不懂耶！」

唉，我就知道會是這樣。

這是一種人們常用的「心理防衛機轉」。

對於不想聽、不想看的東西，潛意識會想辦法否認它或排除它，以免自己承受太大的打擊而崩潰。

失戀時的我、ＪＪ、Lily和這兩位婚姻觸礁的女士與先生，會看不到愛情或婚姻的答案，都是出於這種保護性的心理機轉。在臨床的觀點上，這還是輕微的毛病，算是「心盲」而已；有時候病人會對難以接受的事實產生更嚴重的否認或排除，甚至出現類似失明或耳聾的現象，到了「真盲」的程度。這種案例不只存在於教科書中，我就見過這樣的病人——一個女孩在目睹男友的外遇之後，立刻陷入一片黑暗，驚慌地抱怨自己的眼睛怎麼什麼都看不到！

總之，親身經歷過「愛情心盲症」之後，我認為試圖對ＪＪ或Lily指出「他不夠愛妳」的答案，根本是沒有用的。在這個階段，她們看不到就是看不到，不論誰來指明、如何指明都沒有用。

她們以為沒有看到答案，但事實上，是自己無法接受擺在眼前的答案。她們需要的不是答案，而是接受這個答案的勇氣。

我想我現在該做的是幫助她們培養勇氣，準備去接受一個令人心碎的答案。等到她們具備足夠的勇氣，這種愛情心盲的毛病就會自動痊癒，到時她們自然會看到答案——其實一直都在那裡的答案。

於是，我安慰ＪＪ：「或許他不夠瞭解妳，不知道妳是個黑白分明的人，妳寧可要一個清楚的答案，而不要善意的謊言，或是沈默的距離。」

我同時也在暗示ＪＪ，想想男友的善意和沈默代表什麼？這是不是一種無言的答案？其實他已經表達了他的決定？

「妳會一直去找他，其實是不得已的，因為他沒有為這段感情做好收尾，妳只好扛起收尾的責任。

「妳很辛苦，別人可能都不瞭解，認為妳只是放不下，但實際上，妳不辭辛勞地去找他、去找答案，這比單純地放下更不容易、更需要勇氣。」

我鼓勵ＪＪ，如果她能夠忍受一次又一次找男友時遭受的冷淡對待，表示她內心具有非常堅強的意志力，如果她能看出自己強韌的一面，也就逐漸會有信心去面對戀情已經結束的事實，這個答案不再那麼可怕，不需要動用潛意識來加以否認。

至於Lily，我也給予最大的心理支持，幫助她看到自己的潛力：「妳能在沒有回饋的狀況下持續為一個人付出感情，持續了這麼久，何嘗不是一種堅毅呢！」

如果能用這種肯定的角度解讀自己為愛執著的力量，取代一味地自責與自憐，她將會發現，雖然夢想可能幻滅，但自己並不是無法承受打擊的脆弱女孩。一旦勇敢地面對本來以為無法看清的「答案」，或許需要一段時間，但她一定會康復的。

愛的化妝舞會

任誰看到都會說他們是一對令人豔羨的情侶，Ted和Cindy，他們的外貌、互動、傳遞至周遭的氣氛，一切都那麼完美，展演著我們從小夢寐以求的愛情童話。我的意思是，Ted那麼地性格，Cindy那麼地韻致，他們在一起時，能夠那樣深情地注視彼此，同時又能那樣開朗地吸引朋友的圍繞。享受兩人的浪漫，但又不斷絕與外界的連結，還能有比這更完美的關係嗎？因為羨慕加上想向他們學習的心態，大家都很喜歡參與Ted與Cindy舉辦的聚會。

之前我受邀參加Cindy的生日宴會，Ted包下一整間lounge bar，要我多帶幾位美女過去。哪些是美女呢？其實不需要我費心篩選，我把註明了「請著正式服裝」的邀請卡貼在部落格，女朋友們就會自動區分出參加和不參加的族群。

擁有整個衣櫃華麗晚宴服的心理分析師Debby，每天都煩惱沒機會把這些衣服穿出去，她第一個響應。自信度滿點的麻辣女獸醫Grace，認為即使蒙上眼睛從她的衣櫃隨便抓出一件T恤和短褲，穿在她身上也絕對會勝過任何「正式服裝」，她會去。再來是網路作家Celina，隨時需要新的題材以供寫作，她相信作家在宴會中蒐集情報時最好不要太顯眼，才能讓女生們毫無防備地吐露秘密，況且如果吸引太多男人的目光，被纏住而不能脫身的話，也會浪費這個聒噪而八卦的夜晚，所以她完全不在意女人之間比評穿著的壓力，帶著工作的心態輕鬆前往。

此外，失敗過一千零一次、持續尋找靈魂伴侶的Amy，以及最近再度被「所謂的紅粉知己」搶走男友的Maggie，當然也都決定盛裝出席。在這些大姐頭的表率之下，幾個七年級護士美眉也雀躍地報名，並且相約在宴會前一起上街採辦行頭。

於是，美女名單就這樣形成了。我並不是說其他不想去的人都長得不美，你以為美女是上帝的傑作嗎？不，美是一種意志！朦朧的燈光下，有低沈的爵士女聲背景，Armani男士與Gucci辣妹們端著酒杯晃來晃去，在這樣的地方，美或不美已經不是天生資材的問題，必須具備一種美麗意志才能使妳脫穎而出，就像我的小護士說的：「大家要用力打扮啦！」

沒錯！美麗意志的宗旨就是要願意卯勁地打扮！

穿好衣服只是最簡單的步驟，其他事情才是大工程：卯勁地上髮捲，卯勁地敷臉，卯勁地抹勻延展性最佳的粉底，卯勁地遮蓋斑點，在兩頰上下來回刷著深一號的粉末，修出一張立體的鵝蛋臉，卯勁塗上三層眼影，底色、珠光、亮粉，畫上完美的眼線，卯勁地夾、夾、夾翹睫毛，然後一臉恨鐵不成鋼的樣子刷上一層層的睫毛膏，直到雙睫活像洋娃娃一樣會搧出風來才肯罷手。最後還要搔首弄姿地咻咻兩下，噴上啟動性感意識的香水。

重要的是，這一切卯勁所為的妝扮，完成後的最高境界是要「渾然天成」、「看不出來有化妝」，彷彿「麗質天生」！

如果沒有這種強烈的美麗意志，在這種宴會裡是不可能出色的。那天大家在我的化妝間和衣帽間混戰，爭相央求借用首飾時，好友Linda——資深記者，正在一旁寫稿，她發出殘酷無情的評語：「一群女人在為那些只重外表而沒有深度的男人塗塗抹抹！」

瞬間空氣凍結，一屋子妝化到一半的女人像被施咒般地定住。但在一秒鐘之後，Grace首先恢復動作：「哎呀，我第一層睫毛底膏乾掉了。」接著大家突然都從咒語中甦醒，繼續著自己的變身工程。Amy經過我身邊時，小聲地說：「不知道只重外表而沒深度的男人會不會比較容易搞定？」

女人到底希望男人重視自己的什麼呢？

我沒有時間沈思這個大問題，已經八點半了！我把這些香噴噴的女人像趕鴨子一樣地推出門，「學姐我頭髮還沒弄好……」「啊！我的耳環少一隻！」「等一下，我忘了塗腮紅……」的叫聲此起彼落。

「全部給我出門！」我太瞭解了，再等多久也沒有用，女人永遠不會覺得自己的妝扮已經達到完美。所以不管你給她多少時間準備，她總是會忙到最後時限才不得不停止，她們在化妝台前的美麗奮戰，就像盡責的勇士一般，一定要戰至最後一秒。

我們到達的時候，引起了小小的騷動。平常很樸素的Debby，盛裝起來判若兩人，高挽的髮髻下露出白皙誘人的頸背，不出預料，她和性感女神Grace周圍很快就形成了一個擠不進去的圈圈，好像掉到地上被螞蟻圍上的糖果。我和Celina選了一個安靜的角落開始進行觀察，此刻最能顯現精神科醫師和作家的共同點——窺探的嗜好。不過另一個原因是那個位置離放蛋糕的地方最近。

Debby和Grace一起過來拿點心的時候，Celina好奇地問：「那些人都跟妳們聊什麼？」

「一般的social啊！例如『像妳這樣的女人一定有很多男朋友吧』。」Grace一副不在意的樣子，我想她正專心地計算點心的卡路里，確保狂歡之夜後她的身材不會走樣。

Debby點頭說：「還有『妳是Miss Taiwan』、『下次請妳跟我一起試車吧』之類的話。」

我和Celina都皺起眉頭，「拜託！他們知不知道妳們都是自己擁有診所和高級跑車的醫師，一個還是高深莫測的心理分析師啊！應該談點有水準的內容吧！」

Grace驚訝地看著我，「不要跟男人談妳的工作！他們會覺得有壓力而自卑，就不會追妳了。」

Debby也聳聳肩：「難道要跟他們說，『你們正在用輕鬆的態度掩飾內心的自卑』嗎？我是可以暗中分析他們的潛意識啦，但暗中就好，沒必要嚇跑他們吧。」

她們沒能停留太久，因為點心吧旁邊又開始擠滿蒼蠅男了。

Celina問我：「所以妳們出來的時候就拋掉醫師的身分，歸零為女人。」

「對，但是男醫師出來的時候還是男醫師。」我指指前方忙著跟小護士說冷笑話的Dr. Chen，我以前的同事，不管在什麼地方，他的自我介紹都是一樣的開頭：「嗨！我是陳醫師！」倒沒聽過女人被他的頭銜嚇跑過。

Maggie為了展露長腿，穿了一件實在太短的皮裙，她只好一直站著，然而一七二公分的身高加上三吋高跟鞋卻造成一種障礙，不夠高的男士都敬而遠之。

我揶揄她：「今天的裙子真是不明智喔？」

但Maggie很堅持：「我故意要過濾身高啊！再也不要跟矮男人，我都變駝背了！」

Amy則是穿著一身好女孩般的洋裝，從九點半開始都跟同一個頭有點禿的男人聊天。在洗手間遇到她的時候，我們短暫地討論了一下戰略。

「妳又來了！」我說，「為什麼妳每次都要偽裝成溫柔順從型，妳不知道自己是控制欲超強型嗎？」

「男人喜歡溫柔順從型啊！」Amy執迷不悟。

「對、對，所以妳每次都找到以為妳很順從的男人，然後交往三個月後，讓他發現妳其實是個嘮叨管家婆，再逃之夭夭。」這的確是Amy過往情史的典型模式，我說：「妳不覺得這樣很浪費生命嗎？」

「有開始總比乏人問津好啊！」Amy說，「先騙到手再慢慢調教，說不定最後會有一個慢慢接受被我控制啊！不然要像Maggie立意過濾身高，結果一整晚都坐冷板凳？」

說的也沒錯。我回頭思考出門前掠過腦海的那個問題：**女人到底希望男人重視自己的什麼？**

費盡氣力地打扮，到這個杯觥交錯、衣香鬢影的宴會中碰碰運氣，尋覓伴侶與愛情。上帝賦予女人高超的偽裝技巧，但是，**穿戴著重重面具——裝扮的面具、人格的面具，隱藏了真正的自己，這樣吸引到身邊的男人愛的是誰？**

禿頭男士喜歡Amy假扮的順從女，但他不認識真正的Amy；蒼蠅男追逐豔麗的美女，但他們不認識真正的Grace與Debby。

Celina說：「是不是有這樣的趨勢——男人習慣強調自己的特質，女人卻習慣隱藏自己的特質？」

剛開始交男朋友的青春歲月，我曾經覺得自己好像**蝙蝠飛行**。蝙蝠飛行時一邊發出音波，音波碰撞周圍的山壁後反射回去，牠藉著這些回應瞭解周圍的地勢，調整飛行的方向。我對Celina解釋：「我不知道男人喜歡什麼，所以隱藏起自己，不斷地探測，藉由他的反應，把自己的行為調整成他喜歡的方向。」

「有幾次，後來我差點忘記自己真正的個性與想法。」我想這比Amy還糟，起碼她是有意識地偽裝，最終目標還是希望男人能接受她真正的個性。

我望著人群中自在悠遊的Grace和Debby，有了新的了悟——她們技巧地隱藏自我，絕不是因為缺乏自信，想討男人喜歡，相反地，她們具有獨立的自我意識，或許她們根本不需要尋求男人的瞭解，只是隨心所欲地表露不同面貌，獲取她們想要的體驗？

察覺到我和Celina躲在角落當壁花，女主人Cindy過來招呼我們。她其實有點醉了，但Celina仍想訪談她與Ted的完美愛情：「Ted跟妳永遠是這麼浪漫！」Cindy望著我們半晌，驚人地說出：「可是，我好累……他總是要求我展現最美的一面，我跟他出門每次都要花一、兩個小時打扮，即使在家裡，我也不能穿輕鬆的棉布睡衣，他說那是school girl的衣著，不sexy……我的個性其實是很喜歡平淡的，我快要走不下去了……」

Celina沒有白來，她挖到八卦了——模範情侶竟然也有問題！她興奮地用手肘推推我：「喂，他們會不會分手啊？」這下糟了，我示意Celina別再問了，萬一壽星情緒失控，我們這群來白吃白喝的女人怎麼面對Ted呢？何況我的護士妹妹們都還寄望他介紹跟他同類的新好男人，我可不想得罪他。

我把Cindy拉回Ted身邊，Ted以放電的眼神恰當地讚美了我的穿著，然後輕輕摟著Cindy說：「我們準備切蛋糕吧！」Cindy似乎也回到她的劇本角色中，把剛才的抱怨拋開，露出迷人的笑容。

「沒那麼嚴重嘛。」我悄聲對Celina說。

不過，就在我們轉身時，聽到Ted私下對Cindy說：「我跟妳講幾次了，吃完東西妳要補口紅啊！」我和Celina同時睜大了眼睛。

果然，美好的愛情都需要化妝啊。

愛的資源回收

我的鄰居Daisy，結婚已經快二十年了。我們因為倒垃圾而認識，她知道我是精神科醫師，很喜歡跟我聊天，常說要提供她的故事給我寫小說。照她的說法，其中只有兩、三年是像樣的生活，其他都慘不忍睹。他們的問題很多，有時候老公一個月才回家一次，喝得醉醺醺，有時候吵架、打架，有時候為了金錢糾紛還需驚擾雙方長輩。從我們認識開始，她就說離婚是她現階段最重要的人生目標。

然而，我們都知道，離婚是很麻煩的事。

通常雙方之中會有一方不想離婚。

就算雙方都同意離婚，可能會搶奪小孩的監護權。

就算對小孩的監護達成協議，對房屋、財產的分配也可能會有異議。

最後分好財產，沒修養的人還會撂下狠話，詛咒你一輩子痛苦。

這過程真的是滿討厭的。我就有許多個案是在進行離婚大事的過程中患上焦慮症或憂鬱症，不得不向精神科醫師報到。我接過法院的許多來函，要我以精神科醫師這種「專家證人」的身分，回答各種問題，例如「X女是否因不堪先生之精神虐待而引發憂鬱症？」這是因為X女主訴先生長期對她進行情緒虐待，要求離婚，並且向先生索取精神賠償費。也有「請協助進行X童之心理評估」，這是為了瞭解把小孩判給爸爸還是媽媽比較好。

無奈的是，動輒半年、一年的漫長爭訟，往往會把一個原本好好的人搞得心神不寧，甚至連工作都丟了，最後因為「失業」、「經濟能力不穩定」再連帶輸掉小孩的監護權。有一個女個案在這種處境下對我說：「醫師，我的人生被歸零了。」她的心情可想而知。

從我搬到這裡開始，看著Daisy至少努力了四年，經過無數的協調談判，運用各式各樣的心理戰術，終於把這些離婚前的難關一一克服。本來一直不願意離婚的先生同意了，房子給她，孩子跟她，也沒有詛咒她一輩子痛苦。

簽字的隔天，我遇到她出來丟玻璃和鐵罐，她的神情愉悅，如釋重負地說：「慶祝我人生的新開始吧！這是我最後一次丟那臭男人的酒瓶了！」

過了幾天，我抱著一箱印壞的稿子站在巷口等紙類回收車，看到Daisy朝我跑來，但她手上空空的，顯然是特意來找我說話。她說，事情完全亂了。老公簽字離婚後，一邊打包準備搬出去，一邊跟孩子話別。話別本來是件好事，問題是他向孩子告白：「爸爸雖然捨不得離開妳們，可是我不能再虛度生命。我已經找到我的真愛，她是個好女人，有一個女兒跟妳們差不多大，我們要生活在一起。妳們有困難時隨時來找爸爸。」

兩個女兒聽了都傷心欲絕。那天Daisy下班回家，只見寶貝女兒哭得雙眼紅腫，追問了半天，小女兒忍不住把爸爸說的話都告訴了她。

知道這件事之後，Daisy的情緒完全反轉了，由原本的輕鬆愉快，轉為憤怒、悲傷與自責的交替循環——

「我覺得很生氣，他怎麼可以對女兒說這種事，對女兒傷害太大了……」

「我覺得被騙了，他根本就是故意引誘我發動離婚的……」

「我對不起女兒們，是我拱手把她們的爸爸讓給別的女人，我太任性了……」

看Daisy神容憔悴，我也覺得好難過，畢竟我一路聽她的故事，支持她照自己的意願去做，現在她後悔了，我也跟著自責，當初為什麼沒替她想到這一重變數呢？

我想起一個學姐，她跟我們這一群「新女性主義者」一向合不來，因為我勉強算是其中比較溫和的，她大概覺得我還有救，曾經苦口婆心地對我說：「妳們都太仗恃自己的能力、太好強了！女人不能這樣做。妳們會嚐到苦頭的。」

這次Daisy的事，是不是太好強了呢？Daisy說：「如果睜一隻眼閉一隻眼，不要對男人要求那麼多，現在我還有一個老公在，女兒也有爸爸。」我真的傻了，因為之前她一直說的是：「這個男人佔著茅坑不拉屎，我要趕快擺脫他，起碼自由自在！」

我一直思考，她情緒崩潰的關鍵是什麼？怎麼樣讓她恢復平靜呢？

很年輕的時候，我猶豫過幾次，要不要跟某一位男朋友分手而投奔新男友。那種抉擇總是非常困難，因為前後兩個人各有吸引人的優點。當時，我媽媽說：「妳想這些都不實際——問問妳自己，如果妳跟他分手，看到他去交別的女朋友，妳受得了嗎？這樣就有答案了啦！」

這個原則的確幫我解決過難題，但是，我也**曾經因為小器，捨不得讓別人接收男友而拖延著病入膏肓的感情，最後還是必須分手，徒然浪費那些時光與青春。**

如果Daisy受不了老公跟別的女人在一起，該不該挽回這段婚姻？當然，想挽回也不一定能成功，只是，到底值不值得嘗試呢？

我問她：「妳確定自己還要這個老公嗎？」

她說：「不知道，我真的完全迷惑了……」

她開始從頭回憶婚姻中的一切不如意，事實仍然那麼清楚，他們的個性根本就不合適。

我說：「那麼，如果事情的順序反過來，妳在離婚前就知道他有外遇，這個老公妳還要嗎？」

「啥？」Daisy很驚訝，「我沒這樣想過。如果知道他有外遇……」

她沈思著。

「那我可能早就離婚了，不會撐這麼久吧！」

我望著她。

她會過意來，「妳是說，我只是不甘心他被別人撿去對不對？」

我還沒說話，就聽見紙類回收車叮叮咚咚地駛過來。等待的人們紛紛把抱在手上的廢紙箱交給隨車隊員，

拍拍雙手，輕鬆地轉身回家。

「Daisy，妳沒有東西想丟嗎？」我把手上的紙箱移向她，「來幫我——這堆沒用的紙，上面盡是寫壞的故事，很重吧？有人幫我資源回收，真謝謝他們！」

Daisy用力地幫我把紙箱丟進車裡。

我們相視微笑，一起散步回家。

我們不用的愛人，就歡喜地交給資源回收吧。

愛情、上帝與媽媽

今天一早打開電腦，就看到星座運勢預言我會有個壞日子：

「親愛的獅子，妳今天會很煩躁，容易與人吵架。要注意自己的情緒。」

不好意思承認，其實我還滿信星座的。雖然不是基督徒、天主教徒，也沒有皈依三寶，但我仍舊屬於有信仰的一類人，不知道上帝或佛陀誰比較厲害，但我相信世間真的有些人類思考所不可及的東西。

我帶著謹慎的心情開始門診。在十二點之前都還算順利，即使有些邏輯特別不通的病人，我始終保持著很好的耐性。正當開始感覺肚子餓的時候，進來了一對母女。女兒十六歲，嘟著嘴，表情擺明了──「我是被強迫帶來的。別煩我！」媽媽看起來謙恭有禮，流露著聖潔慈愛的目光。我的胃發出「咕嚕」一聲，預知了午餐的遙遙無期。

這位女兒始終不肯說話，根據媽媽的說法，故事大概是這樣：

女兒跟同班的一個男生交往了兩年，看起來感情滿好的。因為爸媽都是虔誠的基督徒，女孩寒假時參加了基督教的營隊，在研修課程中，她學習到「不應該有婚前性行為」的觀點，經過認真的思考，她決定接受這個觀念，她跟男友溝通，希望兩人能夠停止性關係。

但是男友不同意，他說：「妳要這樣，那我只好另外找女孩子當砲友。」（「砲友」就是「性伴侶」的意思，我知道這是過度解釋，但有些媽媽讀者可能不懂。）女孩無法接受，只好忍痛分手。

剛開始後悔的是男孩，一直嘗試回來找她，但她心意已決，不接電話也不回信。開學後，女孩詫異地發現，男孩身邊已經有了新的女朋友。在學校碰面時，她嘗試像朋友一樣地打招呼，但男孩對她完全不理睬。每天看著他們親密的互動，女孩後悔了。

她開始不斷地打電話、發簡訊給男孩，但對方仍舊不願回頭。女孩的情緒越來越糟，最近她已經完全沒辦法上課，整天不是大哭就是搥牆壁，她對所有人亂發脾氣，特別是父母。面臨休學的最後通牒，束手無策的媽媽只好把她帶到醫院來。

聽了這個悲慘的故事，我覺得非常同情。沒想到這個年代還能看到宗教與愛情衝突的壯烈情節，也算是亂世中的一點光亮。

我把媽媽請出門外，嘗試跟女孩交談，使盡渾身解數，好壞都說盡，還舉例說自己也失戀過，才讓她開了口。不過，所謂開口，其實也只是發出「哇！哇！」的哭聲，還有重複著「他們都不理我」、「他們都不要我」的囁嚅。

媽媽再度進來，急切地問：「醫生，她為什麼都不跟我們講話？為什麼一直發脾氣？」我楞了一下，奇怪，原因妳不是比我還清楚嗎？

「她現在面臨很大的衝突跟矛盾，」我解釋女孩的心情：「媽媽，妳可以試著去想像她的心情——她認真追隨主的教誨，做大家要她相信是對的事情，結果卻受到懲罰，她當然會滿懷困惑，無所適從……」

我還沒講完，就被媽媽打斷了：「她沒有受到懲罰啊！」

什麼？這還不算懲罰？

這位媽媽，妳嘛幫幫忙！

我耐心地說明：「她喜歡的男孩不要跟她在一起，也就是說，她失落了很重要的感情，這會讓她覺得是一種懲罰……她這麼認真要做一個貞潔的好女孩，卻得到壞的結果，想必會覺得不平……」

只見媽媽驚訝無比地睜大雙眼，她說：「什麼？這怎麼會是懲罰?!跟那個男孩分手對她是好事……這是好事啊!應該高興呀，妳怎麼可以說這是懲罰呢？」

這下我真的能體會女孩的心情，在她媽媽面前，正是所謂「有苦說不出」啊！

這時候，女孩又哇的一聲大哭，接著用護士給她的衛生紙擤鼻涕，然後，她把揉成一團的鼻涕紙朝我丟過來，還好小時候體育課上過躲避球，我急忙一閃，衛生紙團不偏不倚地落在我後面的見習醫師臉上。

要花多久的時間，才能讓一個失戀的年輕女孩改變想法，心平氣和地認為「跟這個男孩分手是一件好事」？

面對無法理解女兒的媽媽，我忍不住問了一個問題——坦白說我不應該問的，但當時實在忍不住——我說的是：「**媽媽，請問妳失戀過嗎？**」

她為之語塞，臉上急切追問的表情消失，轉為一種沒自信的猶豫，她小聲地說：「唔……我……我沒有。」

我停下來調整了自己的呼吸，我有點後悔，雖然是出於善意，想點醒這位媽媽，幫助她瞭解女兒正在遭遇價值觀的衝突，上帝與男友，宗教與愛情，這對於一個天真的少女是多麼殘酷啊。我們怎麼忍心責備她發脾氣，或是丟鼻涕團呢。不過我這樣問有點可惡，好像暗示媽媽沒失戀過不懂得愛情似的。

都是星座惹的禍。我心想，今天真的比較煩躁，容易與人吵架，我應該要多體諒媽媽的困難。

只有經歷過的人才能瞭解，一個女孩在失戀或是飽受戀愛苦楚時，特別

希望得到媽媽的支持，但媽媽往往也會成為另一重壓力的來源，這就是母女情結吧。

無關乎女兒的年齡，也無關乎媽媽有沒有相同的經驗，似乎只要是母女，就會有理不清的情緒糾纏。

我的朋友Kelly在二十七歲那年懷孕了，但那個男人是屬於不能娶她的那一種，照理說，二十七歲已經完全是個成人了，不會需要媽媽帶她去婦產科吧。Kelly決定自己去處理這些事，順便藉此跟這個沒有未來的男人一刀兩斷。然而，那位不能娶她的男友偏偏在這時候才特別有良心，每天訂花送到她家。Kelly每次看到花，忍不住感傷就哭起來，引起了媽媽的疑心。**當媽媽真心想挖掘女兒的秘密時，有幾個女兒能藏得住事情呢？**生我者媽媽，知我者還是媽媽啊。

Kelly做完手術回家，有點疲憊，當然也有點情緒低落。但這都不是問題，真正的麻煩是，她一進門就看到媽媽臉色蒼白地坐在客廳，雙眼紅腫，顯然剛哭過。原來媽媽已經發現了。媽媽不斷地怨嘆：「我的命好苦啊……上天在懲罰我！為什麼妳要這樣折磨我？」

此刻，身心俱疲但還一直撐著的Kelly，終於情緒崩潰了，母女倆開始大吵，Kelly很傷心：「妳不要管我可以嗎？」

「我已經夠累了，為什麼妳還要找我麻煩？」

媽媽也很傷心：「就是因為我沒管妳，事情才會變成這樣！我為了妳難過得想去死，妳竟然說我找妳麻煩，明明是妳在給我找麻煩！」

不巧當天正想去找Kelly的我，無從選擇地陷入了這場爭吵，成為她們的家庭諮商師。起初我實在不明白她媽媽為什麼要如此反應過度，我媽以前也常會這樣。不過我和妹妹早在大學時期就讓媽媽徹底放棄，不想再插手我們的恐怖愛情。因為我們一點也沒遺傳到媽媽一生都當班花、校花、公司花的魅力，也沒有養成從小耐苦奮鬥的堅毅心性，她的愛情秘笈對我們而言根本就不管用。舉例而言，我媽說如果男人跟妳吵架，妳絕對不要主動打電話求和，等到他打來時，就會乖乖地接受妳的訴求。我跟妹妹都試過，結果那些男人一個也沒打來。

Kelly噙著眼淚奪門而出後，身為好友的我留下來安慰她媽媽。聽了半天，我終於理解她的感受，原來Kelly爸爸很早就離開，媽媽經歷過一段辛苦才把她們姐妹帶大，其間媽媽曾經跟一個有婦之夫交往過，所以她的意思是，上天懲罰她曾經扮演第三者的角色，現在報應在女兒身上。也就是說，媽媽本來是心疼Kelly，但難過得太厲害，變成一種自責，然後，因為自責得受不了，只好變成責備Kelly。

後來我把這些複雜的心路歷程解釋給Kelly聽——「重點是，」我說，「妳不要聽妳媽字面上的意義，反正她的意思就是妳好可憐，她真不希望妳受苦。」Kelly頓時像是卸下所有的防備，抱著媽媽哭成一團。

唉。

我把思緒拉回，重新面對眼前這位深愛著女兒、卻無法瞭解「失戀會心碎」的基督徒媽媽。我忘了自己說什麼，總之是一些安慰她的話，同理她的著急，向她保證女兒總有一天會瞭解媽媽的想法是對的。她漸漸放心下來，總共花了一個小時！已經是下午一點半，快餓扁的護士小姐和我如釋重負地目送她們離開診間。

我看看那位被鼻涕團丟到的實習醫師，一臉芭樂的樣子。身為老師自己閃開而讓學生被丟到，總是有點良心不安。我決定再餓五分鐘，多教他一些東西作為補償。然而，這好像是一個錯誤的決定——因為那個媽媽又回來了，她說：「醫生，還好妳還沒走，我需要問妳一些問題。」

她問我：「我要不要叫那個男生打電話給我女兒？因為之前他聽說我女兒病了，有打來慰問，但我不准他們講話……還有，我要不要告那個男孩跟我女兒發生關係？因為我女兒未成年……我女兒說，我們可以威脅那個男孩子，如果不答應復合就告他，我應該這樣做嗎？」

這可為難了。我已經嚐過幫病人作決定、結果被罵的經驗，萬一我說「好，叫他們再交往」，結果事實證明這個男孩子很爛，誤了女孩的青春怎麼辦？我也不能說「長痛不如短痛，不要讓他們聯絡」，萬一女兒熬不過、想不開、甚至自殺怎麼辦？反正橫豎我都擔不起這個責任啊。

望著這位媽媽期待的眼神，旁邊是護士小姐恨不得我下診的飢餓臉，背後還有心懷怨恨的實習醫師等著看好戲——我如何收拾這局面？

嗯，我慢慢想著……既然一切都是上帝引起的，怎能把難題丟給我這個凡人醫師呢？這些問題，問主也沒有答案啊。

於是，我抬起頭，仿效虔誠教徒的眼神和語氣說：「媽媽，如果妳不知道該如何引導女兒，就多祈禱吧！」

阿們！

愛情與麵包的考古題

「愛情與麵包？不會吧，這個題目太落伍了嘛！妳怎麼會想談這個？」聽到我提起，所有朋友都這樣說。

「好懷舊喔！五、六年級的女生以前都被問過這個問題吧！」Amy眼中流露出夢幻少女特有的柔和光線，我好像看到高中時期的她還寄生在這個三十五歲熟女的體內。

我要辯白一下，不是我落伍，真的！本來也以為這個著名的難題已經得到公解，再也不值得思考了，可是我前陣子卻在捷運上聽到一群身穿高中制服的女生熱烈討論著！

「愛情跟麵包，妳會選哪一樣？」

唔。第一次聽到這個問題時，我應該是十六歲，對，高一。（好恐怖啊！竟然是十八、九年前的事了。）

那時候我有一個男朋友，死黨Amy、Judy和Nana也都有各自的男朋友。這沒什麼，那時候我們所謂男朋友就是牽手、送花和吃飯時有義務付錢的人罷了。當時大家放學後都待在K書中心，可以說除了上課時間之外，清醒的時候都在那裡，家裡只是晚上累斃後回去睡覺、向爸媽報到、堅守「良家女孩不外宿」的地方而已。

寂寞青春、日久生情、近水樓台，怎麼說都可以，反正男生女生就自動配成一對一對的。Nana的男友家境很富裕，Judy的男友有車，他們都是重考生，年紀比我和Amy的男友大。雖然良知上覺得大家都是平等的，但看到她們每天有人接送，常常吃西餐，收到的花束總是裹著層層棉紙、附有泰迪熊和金莎巧克力、弄得很複雜一大把的那種時，心裡還是會有點羨慕。好吧，誠實地說，是有點生氣才對。

有一天Amy面色凝重地托著腮，桌上的筆記整整一小時都沒翻頁，我看在眼裡，並沒有主動詢問，因為Amy從那時候就很會給朋友找麻煩了！最後她忍不住自己開口，說出了「愛情與麵包」的經典問題。

原來那一陣子她和男友常常為了吃飯的花費吵架，有時候Amy想吃貴一點的，有沙拉、主菜和附餐那種，但是男朋友零用錢不夠，希望每天都吃便當和冬瓜茶就好，Amy說「那我請你總可以吧」，男友卻覺得這樣有辱他的男性尊嚴，Amy只好生悶氣，繼續恨恨地嚼著油膩炸排骨。

這種奇怪的「男性尊嚴」，我也領教過。有一次我贏了某種比賽，請了一大群社團同學吃冰，不久就有評語回傳，聽說男生們在茶餘飯後一致說我：「女孩子這樣請客，好像闊小姐，會讓男人不敢親近。」那時候我氣得要命，想我好心沒好報，既然不敢親近，幹嘛來吃？吃完才說不敢親近，真是XX。

不過，現在想起來感覺完全不同——那時候的男生能夠抱持「男人應該出錢」的觀念，真是令人懷念的美好年代！我們近來遇到的男人，往往是go dutch——「各出各的」類型，要不就是「這次我出、下次妳出」這樣算得很清楚的，真是討厭……（啊，不，我不能這樣說，女男平等，我們不應該期待男人付錢，這種墮落的觀念一定要改過來才行。）

愛情與麵包的選擇題，一直到我們大學畢業，還偶爾會被拿出來咀嚼。幾年前Amy跟一個一年換四次工作的「滾石先生」交往（滾石不生苔的「滾石」），滿悶的，她幽怨地告訴我：「我媽說麵包還是比較重要，沒有麵包的話，再美好的愛情都會變質耶。」

據說此時Amy的外婆瞪了她媽媽一眼，意思是說：「現在才知道？當年叫妳不要嫁這個妳偏要！」於是Amy的媽媽趕緊閉嘴躲進廚房去。

我回去問我媽，她也點頭說：「俗話說，貧賤夫妻百事哀——如果生活不夠寬裕，兩個人想要的東西難免有衝突的時候，就會吵架、積怨，愛情是不能當飯吃的。」

後來我和Amy都笨笨地把這些想法告訴男朋友——當年看起來很難想像他這輩子會發達的男人，結果他們有志一同地說：「那妳去找別人好了。」

事過境遷，我們沒有一個嫁給當年的男友，雖然最後大家分手都另有原因，完全跟錢沒關係，但發人深省的是，我們當年懷才不遇的男友現在都財源滾滾，可見，千萬不要太早下定論啊。

或者，可以參考一下我阿媽的說法：「妳自己命好的話，就會有幫夫運，乞丐娶到妳也會變成員外。」所以，如果跟妳在一起的男人始終很拮据的話，應該怪誰呢……

究竟現在的高中女生怎麼看待這個問題？我聽到的是以下對話：

「當然是麵包比較重要啊！我媽說女人環境好就不容易老，像我阿姨幾萬塊的海洋X娜乳霜都當面膜來敷，是我媽的大姐喔！看起來比我媽還年輕。家裡沒有愛情的話，自己漂亮隨時可以去外面交男朋友啊！」

嚇！這位妹妹的媽媽會不會太麻辣了……我，我很敬佩！

另一位說：「我是覺得愛情比較重要。一個男人真的愛妳的話，應該不會讓妳吃苦吧？他會努力去拚啊！」

嗯，這位好像還不太知道失業率等社會問題，以為去拚就會賺錢嗎？

接著她們七嘴八舌地討論起一些韓劇和漫畫中的角色，試圖佐證自己的選擇是對的。

然後，一直沒說話的一位開口了：「喔！妳們很out耶！為什麼要選一樣？當然是都要啊。我姐說，要去對的地方交朋友，像我們現在當然找不到好的，因為我們自己還沒爬到好的學位、職位，妳想挑別人，別人也想挑妳耶！」

看來這位姐姐走的是勵志派，不過高中女生這樣想會不會太老氣橫秋了？然而，這的確是超出格局的一種見解，許多腦筋急轉彎的答題原理不就是如此嗎？不要輕易被題目騙了，愛情跟麵包妳要哪一個？沒人說不能一起要啊，想辦法增強自己的實力，挑戰高標準完美男友，才是新女生的志向……

此時我的手機響起，Amy的大頭照出現在螢幕上。我突然發現，這位姐姐可能會面臨另一種問題──那就是，像Amy一樣，標準超高，結果一直找不到合適的男人，天天抱著約克夏排遣寂寞……

我接起電話，原來Amy她們一群人在Cindy家喝紅酒聊天，找我加入。我到了之後，腦中還一直想著愛情與麵包的問題。因為在場所有女人的答案都差不多，我問了大家心目中的優質性格男Ted，他覺得該怎麼選擇呢？

Ted毫不猶豫地說：「我永遠不會選擇麵包，因為賺到麵包的方法很多，但愛的感覺卻是可遇而不可求的！」

沒想到男人的答案比女人還要浪漫，我們真該好好反省，大家七嘴八舌地討論到深夜，Ted與Cindy很慷慨地留我們在和室打通鋪過夜。

可能因為我話講太多，酒喝得少，第二天早晨我是通鋪中第一個醒來的。爬出被窩到廚房找水喝的我，很驚訝地發現Ted在廚房裡忙著做早餐——烤麵包、煎培根、水煮蛋和鮮榨柳橙汁……

Ted看我貪婪的樣子，帶著歉意說：「不好意思，事先不知道妳們會在，沒有準備，這個只有兩人份……我等一下弄好再去幫妳們買豆漿。」

我看著他把豐盛的早餐裝到托盤中，端進Cindy的房間，最完美的答案出現了——蘊藏著無窮愛意的早餐麵包，材料大約五十塊吧。

妳願不願意相信，只要有愛，麵包並沒有想像的那麼難？

「都是朋友」的那種女生

為了趕在過年前寫完研究報告，我已經熬夜三天了，現在的醫生還真難當。前天終於在十二點前關機，想要大睡一覺。說也奇怪，這種時候就會有事——寶貝Amy又來按門鈴了。這次是為了男友老是在ＭＳＮ上跟一個女生聊天而吵架。

我實在不懂，房子明明是她付錢租的，為什麼每次吵架都是她無家可歸、四處投靠，而那個男人永遠可以四平八穩地睡在她的床上打呼呢？

灌完半瓶紅酒後，Amy說事情是這樣的——

這位數不清是第幾任的男友，跟一個叫做Laura的女生常常聯絡。根據Amy的觀察，只要他一連上網路，登入ＭＳＮ，電腦就會在三秒鐘之內「叮咚」一聲，出現Laura的對話視窗。早上她說：「嗨，吃了早餐嗎？」「老闆沒盯你啊！」「簡報成功嗎？」「讓我猜你今天打什麼顏色的領帶……」中午她說：「午餐吃什麼好呢？」「今天那家人多嗎？」「吃飽了，好想睡喔。」「趴在桌上睡覺流口水，袖子濕掉把自己冷醒了……」夕陽下山時，她又說：「下班去哪裡？」「跟你女朋友啊？」「她好幸福喔。」到了午夜時分，她還在說：「這麼晚了還不睡？」「我老公沒有你細心。」「寂寞的時候好想找人說說話。」

最近一次是Amy半夜三點起來上廁所，看到男友的電腦螢幕上閃動著Laura的框框：「失眠的夜，等待一個知己。」「我在想你睡覺有穿衣服嗎？」

於是本來快要修成正果的Amy再度抓狂破功了。

公允地說，Amy雖具有愛吃飛醋的本性，但經過多次戀愛失敗的慘痛教訓，最近已經改了很多。不幸的是，這次這個男朋友MSN的名單上有二十幾個女生，憑良心說，從每個人的大頭貼看起來，真是美女如雲。

剛開始Amy每天咬牙切齒地告訴自己：「這是一個挑戰！我一定要克

服！」她把消滅吃醋視為一種自我成長，還發明了一種方法——每次男友掛在網上聊天時，她也用自己的電腦上網，不過她並不聊天，而是在格言網站上搜尋跟嫉妒、吃醋有關的智者雋語，也是藉此壓抑想砸爛男友電腦的衝動。

坦白說，我也是一個很愛吃醋的女人，而且從來不認為這是一種缺點。所以第一次聽Amy用這種方法時，我覺得有點驢，不過後來聽基督教的朋友說，嫉妒是七大罪惡之一，是人類沈淪的陷阱，所以自古以來就有許多智者絞盡腦汁思索如何克服嫉妒。

原來克服嫉妒是一種侍奉主的聖潔行為！

自此之後，我對Amy的行為肅然起敬，也開始認真思考要不要追隨她的修鍊。Amy第一次送給我的嫉妒格言是：「Jealousy, that dragon which slays love under the pretence of keeping it alive.」

意思是：「**嫉妒——那隻惡龍，牠以維護愛情的名義作為偽裝，卻殺死了愛情！**」Amy激動地說，她的眼眸好像有聖潔的淚光閃動。

什麼?!明明是有人威脅到我的愛情，也就是感覺我的愛情快被別人殺死了，所以我才嫉妒，要用力地把他顧好啊！怎麼說是我的嫉妒殺死愛情呢，簡直是本末倒置，胡扯！我不以為然地問：「誰說的？」

「Havelock Ellis（1859-1939）。」Amy低頭翻著她的小抄。「英國性心理學家。」

性心理學家，大約七十年前說的？不知道嫉妒跟性有什麼關係？我很好奇，找他做心理諮商的顧客是因為自己的嫉妒造成性關係障礙嗎？還是因為伴侶跟別人發生性關係而嫉妒呢？

Amy抄錄的格言還有：「**愛可能在沒有嫉妒的狀況下存在，這非常少見；但嫉妒可能在沒有愛的狀況下存在，這是很常見的。**」

「這繞口令又是誰說的？」我問。

「無名氏！」

我與Amy對望一眼，我們大概想到同一件事了——Amy的前男友，就曾經這樣怒吼過：「我快被妳的嫉妒搞瘋了！**妳對我只有嫉妒，根本沒有愛！**」這不就是格言中所說的「嫉妒在沒有愛的狀況下存在」嗎？原來我們都低估了這個男人，他用來罵Amy的話可是出自經典呢。

從格言中力行先人的智慧，Amy洗心革面，對這個新男友與紅粉知己的所有來往從不曾表露嫉妒，不管他聊MSN、單獨載女生回家、跟女生吃飯看電影、還是半夜被call去女生家修電腦，她都忍下來了。但是，「那個Laura！殺了我也不能容忍！」

「我問我男朋友，你不覺得這個女生太哈你了嗎？他捧腹大笑，說我胡思亂想。他說：『Laura很愛她老公，而且她還有一個法國男朋友，怎麼可能想跟我怎樣，她只想跟我做好朋友。』」

「做好朋友?!」聽到這裡，我完全體會Amy的氣憤了。我為Amy生氣，甚至比Amy更生氣——就是有這種女生，打著「大家都是朋友」的旗幟，彷彿持有通行無阻的金牌，不管是單身還是已婚或有女朋友的、帥的或醜的、談得來還是談不來的各種男人，她都可以無所顧忌地交往，反正「大家都只是朋友」！除了名稱有「朋友」的限制之外，她對這些男人什麼都可以做，什麼都可以說。

我跟Amy同仇敵愾地討論了一夜，羅列這些女生的各種心機與罪行，決心要公諸於世，特別是公諸於我們心愛的傻男人，希望他們能看清那些偽裝成紅粉知己的邪惡女生，不要再被她們利用……

Amy首先抱怨：「因為說是『朋友』，掌控權都在她手上，妳看，Laura高興時就約我男友去喝咖啡，寂寞時找他談心，但是她不用負責任。她可以同時跟十個男人這樣來往，說他們只是朋友，意思是他們沒有權利管她！而我們，一旦交往一個男人，正名為『男朋友』之後，就得乖乖地放棄全世界！」

我想到一個這種女生，我們同窗十載，後來卻割席絕交了。在某個聚會中，她批評我說話時輕聲細語，有勾引男人的嫌疑。（喂！一個精神科醫師本來就會習慣輕聲細語不是嗎？）被她這麼一說之後，我一邊反省自己，一邊觀察她，想瞭解怎樣跟男生說話才是正確的，但我發現她從頭到尾跟男生打打鬧鬧、牽牽扯扯、磨磨蹭蹭，聽到好笑的趣聞時還倒在學長的大腿上。

我很不服氣，把她拉到一旁，質問她為什麼嚴以待人，寬以律己？她白了我一眼，理直氣壯地說：「這就是我這一型女生的好處啊！我就算嗲聲嗲氣或肢體碰觸，男生也不會想歪，而且我擺明大家都是朋友啊。但妳是屬於那種會讓男人綺夢幻想的女生，當然要多注意自己的言行啊！」這段往事對我與男性的友誼影響巨大，因為太相信她的批評，我矯枉過正、自我設限，不知錯過了多少有趣的男人。而她卻始終跟所有的男人保持熱絡的來往！

我急忙告訴Amy，「都是朋友」的這種女生還有另一點可怕之處：

「有時候她們覺得自己的條件不夠好，沒有勝算，如果明示要與對方成為男女朋友，可能會遭到男人的拒絕。所以，**她們只說是做『朋友』，這樣男人沒有理由也沒有必要拒絕，對她們沒有選擇、沒有防衛，於是她們得到接近男人的機會，藉此慢慢滲透，慢慢地在男人心裡做窩！**」

「在心裡做窩」的理論可不是我憑空瞎掰的，這是男性友人說的——有一個他本來不太喜歡的女孩，長年都說只希望能跟他做朋友就好，做著做著，他發現自己已經習慣了有她相伴的日子，而且他真正喜歡的幾個女友多半因為這個女生的存在而吃醋、吵架，最後離他而去。與這個女孩結婚的前夕，他打電話給我，覺得很困惑：「我到底是不是被設計了？」

唉，或許我不應該說出來，因為現在他們夫妻的權力關係完全反轉了，女孩已經變成他的女王，如果看到這個故事，知道他曾經打那通電話，可能會讓他嚐到地獄的滋味。

「還有，」Amy接著想到：「有時候她們覺得這個男人某方面不錯，但另一方面不夠好，整體而言不能當老公。要是我就只好放棄，但她們卻說『都是朋友』，這樣就可以繼續享用這個男人有趣的部分。」

Amy說的沒錯。Laura在Amy開始與男友交往之前，曾經拒絕了這位男士的追求，但現在卻以朋友的名義跟他保持來往。Amy曾經問Laura：「妳到底喜不喜歡他？」Laura斬釘截鐵地說：「不，他不是我的型！」可是Amy每次偷看男友的MSN紀錄，總是發現Laura不斷地讚美他，或是不著痕跡地恭維他。「既然不是她的型，會真的那麼欣賞他嗎？根本是虛假！」

哇，不說不知道，好邪惡！這些滿口「都是朋友」的厲害女生！

發誓一定要把這些真知灼見傳授給Amy的男友之後，我和Amy終於在凌晨五點安心地睡了。我作了一個夢，夢到那個說我會引起綺夢幻想的女生，急急忙忙地追著我最喜歡的學長跑，但是學長連看都不看她一眼，微笑著走向我，對我說：「妳真是個好女孩。」

隔天晚上，我以為可以睡個好覺，因為Amy的問題已經解決了。然而，我的電鈴於午夜再度響起，出現在門外的Amy手上又提著過夜旅行袋了。

「不會吧？昨天我們不是都討論清楚了嗎？妳沒有跟他分析Laura心機很重，在利用他嗎？」

「我跟他說了啊！說完後我要他把Laura從ＭＳＮ擋掉，不要再跟她聯絡。他聽完之後，什麼也沒說就去上網。我以為他接受了。」

「過了大約半小時，他回來坐在我旁邊，溫柔地擁抱我，說，放心，我最在乎的是妳。」

「那不是很好嗎？」我為Amy高興，也為我們終於破解那種女生的伎倆而歡欣。

「我好感動，感動得快哭了！然後他去洗澡，我想要立刻寫E-mail謝謝妳，結果，我看到電腦ＭＳＮ的名單上還是有Laura，並沒有擋掉，我打開他們的聊天紀錄，看到他把我講的話一字不漏地告訴Laura！」

Amy的表情看起來欲哭無淚。

原來，Laura這樣回答了Amy的男友：

「愛情常常會變，女朋友隨時可換，但友誼卻是永恆的，我們一輩子都是朋友，也難怪你女友沒有安全感。多體諒她，我教你，去抱抱她，說你最在乎的是她。她一定會感動得哭喔！」

我深深地體會到——徹底戰敗的滋味！

Amy拿出格言小抄，代表她正在努力克制情緒，她翻開的那一頁寫著：

「一個有能力和自信的人不可能為任何事嫉妒。嫉妒無疑是一種病態的不安全感的表現——Robert A. Heinlein。」

是，說得真對。面對「都是朋友」的那種女生，Amy和我嚴重受挫，不再覺得自己是「有能力與自信的人」，所以，在「病態的不安全感」下，我們決定更努力地背誦格言，希望有朝一日修鍊成功，不用再辛苦地嫉妒！

妳氣得火冒三丈，他卻文風不動？
請試用「跟男人吵架的藝術」……

妳擔心他沒有穩定工作，他卻等著做家庭主夫？
請參考「正常男人的新定義」……

妳高喊女男平等，他到底贊不贊成？
請觀察「廚房性別論」……

妳想要成熟獨立的男人，他卻凡事請示爸媽？
請聽聽「好男人絕種的原因」……

妳矢志從一而終，他卻處處留情？
請看看男人的「外遇養生論」……

妳受過男人的傷害，決心全面武裝，永不妥協？
請停止「刺蝟模式」，刺擊別人的時候，妳也同樣疼痛……

別生氣，妳會在這些故事裡重新看到他的可愛。

輯2

Cherish Love

重新遇見
男人幸福論

跟男人吵架的藝術

週日下午，Grace跟男朋友快樂地在忠孝東路吃墨西哥菜。男友的手機突然響了，他接聽，臉上露出奇怪的表情，看了一下Grace，然後說：「我現在跟Grace在吃飯……我不確定晚點會不會有事，好，我再跟你說。」

聰明的Grace，以及所有聰明的姐妹們，我們都知道，這是一個女人打來的電話。於是Grace停下咀嚼，盯著男友等待他的解釋。

他是這樣說的：「奇怪！是Eva，她幾百年沒call我了。」

Eva是他的前女友。Grace是很沈得住氣的女人，她不像我們一般人會立刻氣急敗壞地追問：「她說什麼？」「她找你幹嘛？」她只是停止一切動作，讓凍結的氣氛形成對男人的一種壓力，這種壓力讓他來不及編藉口，只好直接說出來：「她問我今天有沒有空去幫她修電腦。」

Grace放下刀叉，繼續盯著男友三秒鐘，在這三秒鐘之內，她已經決定要怎麼做了。

「嗯，所以呢？」這是提供他最後的機會，看他怎麼做而決定判他什麼罪。

「沒有啊。我說我在跟妳吃飯，我沒有答應她今天會去。」啊，這個白癡。難道他以為Grace是聾子，沒聽到他對著電話說「好」嗎？沒答應今天，可是顯然答應改天會去了，不是嗎？

完蛋，有意蒙混，Grace一定會判罪加一等。

Grace說：「分手那麼久了，為什麼她會找你？」

「找我修電腦而已啊！我們分手時又沒有撕破臉，大家還是朋友嘛。」

Grace想想，不，不對。「如果很久沒聯絡，她打來起碼要寒暄一下，問問你最近好嗎？接著問你可不可以幫她修電腦，然後再問你什麼時候有空吧？怎麼會劈頭直接說：『今天方便過來嗎？』好像昨天才跟你講過話似的。」

Grace連如何發覺他不夠誠實的邏輯都說明得一清二楚，這種法官算是仁至義盡了。

「我怎麼知道？她就是這樣說的啊。那是她的問題，又不是我的問題。」

「那是她的問題，又不是我的問題」——男人都是這樣逃避責任的。接著便埋頭苦吃：「快點吃好嗎？都冷了。」

當然，美食當前怎可錯失，何況這是男友領薪水後難得請客的一餐，Grace繼續大口大口地吃了起來。不過，她才不在乎「口中有食物不能講話」這種淑女規範——她一邊繼續審問著：「那你打算怎麼辦？」

「如果妳不希望我去，我就不去。」他最喜歡這一招了，假裝做一個球給女人，但事實上很多女人都會因為面子或自尊心，而講不出「你不要去」這句話。

所以Grace不正面回應，她問：「那如果Eva再打來呢？」

「那我就說改天吧。」

此時Grace火大了，就像每一個女人想的：**難道你不能清楚地拒絕，對前**

女友說「抱歉，我不方便去幫妳修」嗎？

這些男人到底是有什麼問題？

據Grace男友所說，他跟Eva分手的原因是她佔有欲太強、太愛吃醋了。Grace事後告訴我：「妳不覺得這個女人很過分嗎？自己當人家女朋友時知道要吃醋，現在明知人家有別的女朋友，還來找人家修電腦，人家女朋友就不會吃醋嗎？沒聽過『己所不欲，勿施於人』嗎？」

Grace最唾棄這種既自私又愛利用別人男友的女人了。她臭罵了一頓，結果男友說：「妳想太多了，她快要結婚了！」

顯然他完全不知道Grace在氣什麼。都要結婚了還這樣，更令人髮指！為什麼不找她自己的男人修呢？而且，以「自己快要結婚了」當作一種保護色，讓Grace的男友覺得很安全，這算什麼？

至此Grace已經了悟，她的男友不會承認這件事是有問題的。她開始沈默，表現出她的不以為然。男友說：「不要這樣啦？這是我最後一天休假耶！我們去妳家好不好？」Grace完全不回答，做錯事還想親熱，哪有這種事。

並不是每個女人都能像Grace這樣，堅持正確的行為制約模式。**許多女人在跟男人吵架時，因為亟欲修復被破壞的親密感，往往輕易答應對方施予的小利小惠，最後根本忘了自己的訴求。**

他又說：「對不起，都是我不好，我保證以後絕對不會再發生了。」

Grace挑起眉毛，「以後？」她冷笑兩聲，說：「以後我還有機會知道嗎？以後你絕對不會告訴我了！我只有這次機會，一定要今天就解決。」

「不然妳要我怎麼樣？」終於認真開始談判了。

Grace沒那麼簡單，她說：「現在的情況，你沒有資格要求我告訴你怎麼做，應該是你自己去想，看有沒有我喜歡的解決方法。」

這是談判中重要的原則：**千萬不要太早露出底線，因為這樣會讓對方有討價還價的機會。**

「拜託！我好話說盡，也道歉了，我想不出來還有什麼別的方法。」

「喔，如果你想不出來就算了。」她開始收拾包包，起身拿出雨傘。

「難道妳要我跟Eva說不能幫她修，因為妳不高興嗎？」男人有點生氣。

果然，人一動氣就會在談判桌上敗陣，這會兒男人說出自己無法承擔的話了。

不過，Grace知道絕不能見獵心喜，她露出對這提議不太滿意的樣子。

男人大聲地說：「這樣妳還不滿意？妳太不講理了吧！」

他平常應該多請我們去喝下午茶，因為所有朋友都知道，想用凶悍或發怒來克制Grace，是絕對不會奏效的。她只會更堅決，不會妥協的。

Grace坐下來，沈思了一會兒，點頭說：「你說的也對。」然後，她迅速拿起男友的手機，按下回撥鍵，把電話拿給男友。

他摸不著頭緒，問：「什麼？」

「Eva。」Grace簡短地說，冷靜地看著他。

電話中傳來一聲「喂」，因為事出突然，男友只好硬著頭皮說：「Eva……抱歉，我沒辦法去幫妳修。」

他闔上手機，因為自己做了這個妥協而變得理直氣壯起來：「這樣可以了吧？」

Grace仍然不動聲色。他讀不出她的心思，開始猜測，是不是自己講得不夠絕情呢？於是他解釋：「我不是不想講原因，而是她把我電話掛掉了。」

接著Grace什麼都沒再說就走了。

她告訴我，這次吵架，她設定的目標是讓Eva嚐嚐被拒絕的滋味，至少要讓她覺得「他怕現在的女朋友生氣，竟然寧可跟我說不行」，至此Grace已經達到目的了，再待下去，男人就會惱羞成怒，開始亂發脾氣。

「過幾天，如果他想和好再說囉！」

「如果他怪妳逼他拒絕Eva呢？」我問。很多男人仍然認為女人的嫉妒是「七

出之罪」啊。

「什麼？我並沒有叫他這樣做啊？是他自己提議的，手機撥了號拿給他，他也可以掛掉啊！」Grace說。

說的也是。跟男人吵架時想達到的目的，用不同的步驟訴求，就會有不同的結果。如果她一開始就說：「不管！你要跟Eva說不行！」結果會如何呢？

跟男人吵架真是一門藝術啊。

不愛工作的男人

有位新個案帶了一張剪報給我看，這篇報導的大意是「兩性有不同的壓力來源」，上面說，女人的煩惱主要來自感情、婚姻與家庭，男人追求的則是工作、收入與成就。

「醫生，正常的男人應該都是這樣吧？那為什麼我老公都不想上班？需要帶他來看嗎？」

正常的男人？

好久沒聽到這種說法了。記得一、二十年前聽婆婆媽媽們長舌時，她們老愛品評左鄰右舍的丈夫和各家小姐交往的對象，那些對話的確存在著「正常的男人」這種概念。例如，我阿媽常勸別家的媽媽：「妳女兒喜歡他，只要是正常的男人就好了，兩個人認真打拚就會有將來，妳不要嫌他現在窮啦！」阿媽所謂的「正常男人」，約略是指四肢健全、未帶宿疾、不嫖不賭、沒有犯罪前科、每天老老實實上班的男人。

然而，那是十幾年前了！

在這個「什麼都不奇怪」的年代，難道沒有新的定義嗎？之前頗受歡迎的日劇《老公當家》，主角不就是在家當主夫的可愛男人嘛。

以一個現代精神科醫師的角度，這個個案的老公正不正常？如果是以一個現代女人的角度來看，又是如何？

我想到同學Ivory的昔日男友，他曾是我們公認的極品美男，據說也滿浪漫與善解人意。不過他從大學時代就參與學運，每天忙的就是到處示威抗議。Ivory曾經擔心，萬一他一輩子都只做「示威抗議」，如何養家活口呢？

果然，滄海桑田，Ivory已經嫁作馮婦，當起媽媽了，這位男士仍然頭綁布條，活躍於各種政府機關的大門前。不同的是，他馬上要結婚囉！對象是一位美麗大方、從事專業工作的豪門千金。朋友在報上看到消息披露，馬上爭相走告，重拾聯繫的大家決定來個聚會，我們一邊為他高興，說著：「這傢伙，真有他的！」一邊調侃Ivory：「嘿，妳還擔心人家如何養家活口！答案就是，一等一的魅力男人，根本不需要煩惱賺錢這種小事！」

女人擔心男人有沒有經濟能力，而男人卻想著：大丈夫何患無妻?!

我問這位擔心老公不正常的個案：「家裡的經濟狀況有困難嗎？」「倒是不會啦！」她很大方地告訴我：「我每個月收入十幾萬，還可以。」

我身旁的護士一時眼紅，忍不住插嘴：「那妳何必擔心老公不上班！」在大醫院工作的小護士，每天早晚辛苦地輪班，卻只有微薄的薪水，她自然會認為一個月入十萬的女人不需要在意老公是否賺錢。然而，如果問問我那些身價驚人的女性朋友，例如門診要排八小時的女名醫、掌管龐大金控的女經理，還是專辦企業的女律師，我們就會瞭解，女人的心結是多麼地微妙。

我多次發現，不管自己收入多高，許多這一代的女人潛意識裡，竟然還是隱藏著被男人供養的期待，更正確地說，是「從男人那裡獲得些什麼」的期待。

對於那些有能力的女人，靠自己得到財富、權力當然是一件有意義的事。不過，男人為妳貢獻了什麼，卻是另一個領域的評價，讓女人在心底偷偷衡量著：我有多少魅力？

這是另一種呼風喚雨的滿足感，「從男人得到的」與「自己掙來的」東西，分別隸屬於兩種不同向度的自我實現。

走進時尚的珠寶店，得到精工美鑽的女人有兩種：一種是掏出自己的信用卡，刷掉自己的薪水，犒賞自己在工作上的優異表現；另一種女人卻是依偎在西裝筆挺、事業有成的男人臂彎，和售貨員合力堆出甜美的笑容，殷勤地撒嬌，鼓勵男人買下愛的禮物。

有一次逛街時Amy問我，如果可以選擇，妳要做這其中的哪一種女人？

我笑著沒回答，回憶起自己被建議改名的經驗。有個熟諳命理的朋友說：「妳各方面都過得很好，這輩子不愁吃穿，不過，妳一分一角都要靠自己工作掙來，這叫做勞碌命。我幫妳改個名，像那些真正好命的女人，每天睡到自然醒，修修指甲、做做臉，受男人的庇蔭才好。」她幫我算了一個新名字

「晏妮」——「這名字不僅筆畫好，字面意義更好。」她說，「晏，日安，每天無憂無慮；妮，嬌憨的小女人。」

當時跟我在一起的Grace嗤之以鼻：「別鬧了！俗氣到可怕，完全不適合她這種精明幹練的專業形象啊！」

我裝成毫不在意的樣子，跟Grace一起哈哈大笑，但沒有人知道，我其實有點心動。

命理師說的話，似乎觸動了內心的一點自憐——「一個女人在職場上想成就什麼，那種辛苦與寂寞只有自己知道啊！」這一類妄自菲薄的想法就會跑出來。再想到我家老公，真的就是那種很不愛上班的男人，總是開心地說：「錢夠用就好啦！」明明也是醫師的他，工作一陣子就想休息——「我們把錢花完再來上班吧！」不然就是——「我這次上全職班兩年了，辭職換妳上吧！」

不過最後我並沒有接受那個新名字，除了怕會被我的大女人好朋友們笑死之外，最主要的是，我一直很想看看自己到底可以成就些什麼。萬一改名果真奏效，變成慵懶的少奶奶，我大概會覺得壯志未酬而抱憾一生吧。

至於老公，根據物競天擇的原理，我深信不愛工作的男人一定有其他的優點，否則怎麼會在演化史上存活下來呢。

有些老公只要上班日久，就會出現痠痛、脹氣、頭痛、焦慮、煩躁等各種心身症的毛病，但不上班時，卻能夠保持家中一塵不染，為忙碌大女人的生活注入溫暖的幸福感呢。

廚房性別論

最近我有不少好朋友結婚，她們都是三十五歲左右。我們這一代的人好像習慣把三十五歲當作一個關卡，我記得最初這種觀念是從村上春樹的小說讀來的：「三十五歲是人生的轉折點，之後就開始走下坡。」

女性朋友常說「三十五歲之前要嫁掉」，一方面是所有保養品公司都宣稱三十五歲之後要改用熟齡產品，好像三十五歲之後女人的臉皮會轟地一聲發生質變似的。另一方面，超過三十五歲的話，懷孕生小孩就要做羊膜穿刺，而且衛生署總說三十五歲之前才是最佳生育年齡。

反正所有女人都把三十五歲當作一個大關。

而男性朋友則說，過了三十五歲，都快要顯露中年人的體態了，這種年紀如果還要重新去追女孩子，接接送送、甜言蜜語之類的，實在太累了，既然三十五歲之後大概不會再有新的女朋友，那麼三十五歲時身邊是誰就娶誰好了。

雖然男女兩性的理由不同，但結果一樣——就是快三十五歲的我最近不斷地接到紅色炸彈。而且，如果只是花錢就算了，結婚之後的朋友們煩惱突然多了起來，我還得提供免費的心理諮商。

其中一位是Lily。掙扎了好久，終於甘心放棄小姐的身分，拍了美美的婚紗，買了閃亮的鑽戒，還辦了浪漫奢華的婚禮。總覺得自己一定是個與眾不同的女人，不會在婚姻中變黃變醜。沒想到搬進新家第二天，她就發現冰箱中塞滿了婆家親朋好友送來的蔬菜水果，每一袋都還附註烹調的小秘訣。

「不用說，這些小秘訣都是寫給我看的。」Lily很生氣，「奇怪了，為什麼太太一定要負責煮飯呢？婆婆仔細地叮嚀著洗菜的方式，切菜的方向，告訴我在外面吃不好，最好自己煮，還有一大堆她兒子吃飯的喜好！他住外面這麼多年了，如果覺得吃外食不好，為什麼她不教她兒子自己煮呢？」

Lily和老公都是醫師，他們的職業相同，年資也相同。嚴格說起來，Lily

的工作比老公還忙碌，她任職於教學醫院，除了全職的工作之外，還要負擔學生教學、公家委任的各種學術研究，以及社區演講等等。老公在私立區域醫院兼職，一週只上班三天。

「妳說，為什麼沒有人想教他煮飯？」

我唸研究所時，主修女性主義醫療批判，社會傳統的性別偏誤一直是我研究的重點。但縱有滿腹經綸，我也不知如何改變廚房中堅固的性別樣版。

Lily繼續抱怨：「我老公平日同意洗碗，同意打掃，也同意外食，但是一旦公婆來訪，他就堅持要我演出傳統女人的家務角色。」

「好虛偽！」我說。「妳怎麼不叫他跟媽媽說：『我是新好男人，今天我來洗碗。』」

「不行，我老公說，那等於挑戰他爸爸！」

這下子又變成「爸爸的問題」了。

「公公婆婆結婚快四十年了，伉儷情深，以那個時代的標準來看，公公算是很疼愛老婆的，不過再怎麼疼，他從不曾摸過一塊抹布，更別說踏進廚房一步了。」

Lily幾次回先生老家，發現公公和三個兒子的作息是這樣的——睡醒後看報，看完報吃早餐，吃完早餐抽菸、休息，之後等著吃午餐。午餐後留下杯盤狼藉，一個男人一張床——去睡午覺。午覺醒來看晚報，再等吃晚飯。

而婆婆則是從清晨忙到午夜，清早起來買菜，準備早餐，大家吃早飯時她忙著削飯後水果，等大家吃飽後自己才上桌撿食剩菜。吃完剩菜洗碗、刷鍋子，開始準備午餐的食材，洗米、挑菜葉、折豌豆、浸泡青菜、解凍肉類、醃醬油，然後抽空洗衣服。晾完衣服後，準備午餐的油煙大起，三個媳婦擠在廚房不但幫不上忙，還會互相絆倒。接著又是同樣的情況了——男人吃飯時女人削水果。而男人睡午覺時，女人要洗碗刷鍋，稍事喘息後，又要準備晚餐了。

「這輩子我真的沒想過女人跟男人處境會差這麼多。過去的女人專事家務，男人工作賺錢；現在的女人即使有工作，往往還是負擔大部分的家務。有人說女人對事業缺乏野心，我倒是很想問問：如果妳每天要張羅一家大小吃飯、洗衣、打掃，妳能有多少心思寫研究論文，妳能經常加班嗎？」

Lily的話讓我想起五年前，我還在醫學中心工作，當時的主任表示將在四位住院醫師中選擇兩名升任主治醫師。當時他是這麼對我說的：「我們需要的主治醫師要對工作有足夠的熱忱，每天想準時下班的人不適合留任。妳的能力不錯，但是每次週日需要機動出差時妳都無法配合。如果妳能改進的話，我可以考慮留妳。」

所謂週日機動出差，就是主任三不五時會在週末突然通知妳，要妳負責一場星期天的演講，或者是趕出星期一開會的計畫案。

改進？怎麼改進呢？我就跟現在的Lily一樣，冰箱裡有好多婆婆留下來的菜，我洗完衣服後好想睡午覺。而且，我還需要花時間做臉、保養，以免變成黃臉婆呢。

我是新女性還是舊女性？有人比我新，有人比我舊。但是，我相信每個女人都還是費力地周旋在各種角色的矛盾中。男人當然也有男人的矛盾，不過絕對沒有女人多。

跟Lily談完回家，心中的戰鬥火焰又蠢蠢欲動，我對著老公開砲：

「下次回老家你一定要洗碗，不然我要把一切不公都寫出來，登在報紙上。」

「好啊，沒關係，妳寫啊。只要不讓爸爸看出來作者是妳就好了。」

又來了，現代男人的精神分裂。

我抬起頭，看見奮力刷洗地板的老公，額頭上有大粒小粒的汗珠。而我倒是愜意地坐在書桌前，在鍵盤上敲敲打打。要說他大男人主義，又好像有點太嚴苛了。

於是我還是寫了這篇文章，不過，如果我公公問起，拜託，這絕對不是講我們家，我是幫Lily寫的啦。

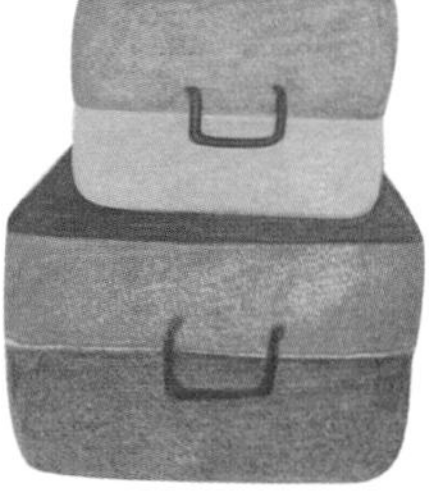

絕種好男人

很久沒來的個案Vivian出現了。我對她印象很深，因為她初次來看病時，是這樣說的：「我妹妹是妳的病人，我跟她症狀一樣，情緒憂鬱。不過，我妹的憂鬱都是因為老公不好，但我的憂鬱卻是因為自己不好！」

很少有個案這樣甘願地說自己不好。起初我還不太相信，但是，跟她會談了好幾次，我實在找不到她老公的不是之處，不，不要說「不是之處」，我連這個老公可以「做得更好」的地方都找不到。概略地說，他不但體貼、尊重，而且對她給予百分之百的支持。其他各方面，從社會條件到美學條件，簡直像是依照女人的夢想訂做的。

我嘆為觀止地告訴她：「如果是這樣，那妳老公真的是太好了。」Vivian似乎對這樣的評語習以為常地說：「我知道啊，我之前的心理治療師就說她沒辦法治療我，因為她承認，她忍不住嫉妒我有這麼好的老公！」

嘿嘿，這個心理師還真誠實。

那一陣子Vivian是因為自己有「精神外遇」，對完美老公深感愧疚，被罪惡感纏身，因而心悸、煩躁、苦悶，後來她終於回到正軌，也就痊癒了。

這次呢？我很好奇，如果身邊有這樣的老公還會憂鬱，人生還有快樂的可能嗎？Vivian的妹妹長期參加我的女性成長團體，本來曾經邀Vivian參加，但她來了幾次，感覺其他女性成員對她懷有敵意，可能因為大家都是失婚或情運多舛的悲情好女人，Vivian缺乏同樣的經驗就算了，更糟的是，她談的還是自己如何做個壞女人，背叛完美的老公，也難怪其他成員經常想攻擊她。

有時候女人之間的敵意真的很可怕，我在帶領那個團體時，總是戰戰兢兢，經常要做滅火的動作，生怕她們會用語言把Vivian碎屍萬段。

這一回，Vivian懷疑自己得了「創傷後壓力症候群」。原來她在幾個月前懷孕了，但是，那並不是一次喜悅經驗，反而是恐怖的折磨。剛發現懷孕沒幾天，她的臉突然腫得跟肉餅一樣，全身紅腫、起蕁麻疹，甚至到了不能呼吸的程度。緊急就醫後，醫生說這是罕見的嚴重過敏反應，Vivian需要使用輔助呼吸器，因為連氣管都過敏而異常痙攣，差點造成氣道堵塞。住院一週，醫生為她做了各種測試，結論是：唯一可能的過敏原是胎兒。也就是說，Vivian對她懷的小胚胎過敏！

我一邊翻著病歷，看到內科醫師多次註明：「病人先生強調，不要顧慮胎兒，請盡量使用需要的藥物幫病人減少痛苦。」於是，Vivian接受了類固醇及抗過敏藥的治療，漸漸消腫，恢復了健康。之後，她接受人工流產手術，把可能暴露在有害藥物下而長成畸形的胎兒移除。

雖然事情平安落幕，Vivian沒有因為懷孕而丟掉自己的小命。但她卻常感覺驚慌不安，睡覺時反覆作惡夢，夢見自己又懷孕，身體再度發生嚴重的紅腫，一個張牙舞爪的小惡魔不斷對她嚷著：「妳完蛋了！妳完蛋了！」因為太害怕懷孕，她只要一想到做「那件事」就會暈眩噁心，忙著把老公推開。在路上看到孕婦也會覺得呼吸困難。

這的確是一種「創傷後壓力症候群」的表現——受到嚴重的、危及生命的威脅之後，人會失去安全感，產生焦慮反應，整天惶惶不安，也會反覆回憶恐怖的經歷或夢魘，逃避相關的事件，因此而影響工作、家庭等社會功能，造成個案無法正常地生活。

不過，在我看過的個案中，大部分的女性並不會為了一次懷孕失敗就放棄生小孩。如果去看看討論懷孕、流產或不孕的網站，就會知道，有多少女人在各種併發症的威脅之下，鍥而不捨，屢敗屢戰。這種意志力可能源自女人具有的母性，但也有不少個案告訴我，有沒有小孩對她本身並沒有太大的差異，但是，她擔心不能生育是對夫家的虧欠，也可能成為老公外遇的藉口，所以不得不拚命接受各種治療，或是冒著風險一再嘗試懷孕。總之每次跟這些個案會談，我就忍不住為女人的命運感到心痛。

我幫Vivian開了一些抗焦慮的藥，試著安慰她先放輕鬆，好好調養身體，如果真想要孩子，也得等到身心痊癒，再重新計畫。沒想到她說：「不用了！我們已經決定不要生小孩了。」

「這樣啊？你們彼此都同意？」這並不容易吧。

「對啊，他全力支持我的決定。」的確是她老公的作風。
「那妳要吃避孕藥嗎？」我問。
「避孕藥不是很麻煩嗎？我懶得吃藥。不用啦！我老公已經結紮了！」
Vivian微笑地看著陪同就診的老公，「他說不要我再受任何苦了。」
「結紮了？」我有點驚訝，她老公才三十五歲。
因為我周圍的男人都不是這一型的，我一時不知該說什麼。
我一邊試圖掩飾驚訝的神色，一邊找話說：「爸媽也贊成嗎？」
「我爸媽贊成啊。」Vivian直覺地以自己的爸媽來回答。看到我狐疑的表情未減，她才明白我問的是公婆。
「我們沒有告訴公公婆婆。」她說。
「沒有告訴他們？那他們以後如果知道了會不會生氣？」
我承認我的確問了很笨的話，但是，這難道不是情有可原嗎？畢竟世界上有幾個公公婆婆會鼓勵自己的兒子三十五歲結紮？同意媳婦不生小孩已經很不容易了，何況是為了媳婦懶得吃避孕藥而讓兒子結紮?!

這時，一直保持沈默的Vivian老公說話了。他語氣有點強硬地說：「為什麼要告訴我爸媽？我是個成年人，結紮是我個人的事！」

好個「成年男人」！好個「我個人的事」、「不要老婆再受任何苦」——世界上這樣的好男人到底還有幾個？

我想到Vivian之前那位坦承自己嫉妒她的心理治療師。我並不覺得嫉妒，但卻揮不去心頭的感傷——這樣的男人應該大量繁殖才對吧，可是，他卻結紮了。

難道好男人真的要絕種了嗎？

足球啟示錄

世足賽熱烈開打。家裡的男人突然都變成電視兒童，每晚盯著看轉播，口渴叫「拿啤酒給我」，餓了喊「有洋芋片嗎」，拿食物給他們時，嘴巴張開，眼睛還捨不得離開螢幕。我想這時候如果端一大杯醬油給他，他也會直接咕嚕咕嚕地喝下去。還好這種長達一個月的馬拉松賽事四年才有一次，不然可能會有很多女人離家出走。

據說是因為大腦結構的差異，許多女人對球賽永遠處於「狀況外」。例如，我可以對Gucci和Chanel歷任設計師的名字倒背如流，卻不知怎地，一直記不起來貝克漢是哪一國人，更不要說搞懂裁判舉黃牌的原因了。在瑞典對千里達的比賽中，無聊的我突然眼睛一亮，興奮地問：「那個是貝克漢嗎？」男人很生氣地說：「妳嘛幫幫忙……貝克漢是英國隊的！」我噤口不語。

過了一會兒，我看到原本進攻順利的隊伍停下來，球變成另外一隊的，從場邊發球，隱約知道這是犯規的結果，我認真地問：「他是犯什麼規？」男人沒回答，一臉懶得解釋的樣子，我鍥而不捨地追問：「他犯什麼規你要教我啊！不然我要轉台了！」我拿起遙控器，他才急忙說：「不要！不要轉！他越位啦！」

「躍位？意思是不能跳起來嗎？」

躍，跳躍？

「為什麼不能『躍』位？每個球員不是都又跑又跳的嗎？他們還用頭叩球呢！」我深感困惑。

「拜託！下次再跟妳講，比賽中妳不要來亂啦！」

我越想越不對勁，Cable電視的費用我也有繳啊。為什麼整整一個月我都不能看日劇，只能盯著一堆汗水濕漉的男人，莫名其妙地追著一粒球跑來跑去？

悻悻然走開，我打開電腦，試著上MSN找人聊天。果然！所有男人都不在線上，去看球了吧。線上的女朋友倒是不少，Amy和Celina不約而同地抱怨著「無聊球季」，想必跟我一樣覺得受到冷落。

我敲打鍵盤，對Amy鍵入：「妳知道貝克漢是哪一隊嗎？」同時邀請Celina加入三方談話。

Amy立刻回應：「西班牙皇家馬德里隊。」

哈哈！我感覺挫折的心靈受到安撫──妳看，Amy也不知道貝克漢是英國隊！可見這是性別差異，不是我個人的問題。

我嘲笑Amy：「錯！他是英國隊！妳跟我一樣笨！」

沒想到Amy送我一個捧腹大笑的動畫快遞，說：「喂！誰不知道貝克漢是英國人，這還需要回答嗎？我以為妳問的是他平日所屬的隊伍──就是西班牙皇家馬德里啊！」

這麼複雜。平常什麼事都愛問我的Amy，這方面的知識竟然這麼強？我驚訝地問：「妳怎麼知道？妳也喜歡看足球嗎？」

Amy說：「我以前的男朋友喜歡～～」

的確，我之前不就寫過Amy的故事嗎？她一旦與某個男人交往，就會卯足全力去學習那個男人的興趣，身經百戰的她，已經通曉多種男人的技藝，想想她連拳擊、高爾夫都會了，懂得足球並不稀奇嘛。

「為了培養與男人共同的興趣，要花好多時間耶！我沒有這種毅力。」我說。

「兩個人在一起，真的需要勉強自己去做對方喜歡的事嗎？」三個女人找到打發無聊球季的話題了。

Celina跟Amy抱持同樣的主張：「如果沒有共同的興趣，兩人終會漸行漸遠，以外遇或分手收場。」

「這是合理的，但兩個人有沒有共同的興趣，應該是雙方的責任，不能只要求女人配合吧？」

男人會花時間學習女人的興趣嗎？

我最長久的興趣是跳舞，各式各樣的舞，還有逛街。我承認歷史上有兩個男人到後來逛街比我還專業，但是願意陪我跳舞的人數紀錄始終掛零。我不懂足球，但男人也不懂跳舞。我問他「貝克漢」和「越位」的蠢問題，他則是問我：「那些跳舞的人手都抽筋嗎？」我的天，「倫巴本來就是那樣啊！」

談話中我們注意到Grace今天的標題，竟然是「強力推薦沙發姿勢，世足賽的吶喊讓妳更興奮！」

Grace是做那件事打發看球賽的時間嗎？

Amy送出一個吃吃笑的表情：「有創意！這樣陪男朋友看球賽就不會那麼無聊了。」

Celina哀聲嘆氣：「那是Grace才行得通！我男朋友看球賽時很專心，我如果去碰他，可能會被強力摔開。」

哀怨的我們越聊越起勁，決定拋下眼中只有足球的男人，結伴出門去散心。

首先還是要打電話給一向帶路的大姐頭Grace，撥了好幾次她才接，旁邊吵得不得了，她大聲喊著：「我在一家PUB看比賽！妳們過來體驗一下！」

畢竟還是逃不出足球轉播的天羅地網啊。我們匆匆到了Grace所在的

PUB，裡面擠得滿滿，長條型的Bar每隔幾個座位就安置一台液晶螢幕，顧客們喝著啤酒、聊天、看轉播，當球賽出現驚險的互動時，在場所有人同時叫好，這種氣氛跟在家裡看電視完全不同，連我和Celina也開始覺得有趣了。就像去戲院和在家裡看影片的差異，很多人一起看、一起叫，才會有臨場感吧。

Grace說：「妳們有沒有發現？跟男朋友來這裡看球的女孩子都穿得很辣！」的確，許多時尚美女依偎在男友的臂彎裡，一起盯著螢幕，似乎樂在其中，不知道她們是不是真的都看得懂，還是裝的？

我請教Grace，她耐心地解釋了不可越位的足球規則，還附帶叮嚀：「重要的是，不要因為完全外行，被球賽『越』了妳在男人眼中的『位』！」

看著滿屋子美麗性感又懂足球的女人，我和Celina真是自慚形穢，要讓男人的眼光留駐，不被足球或各種東西「越位」，女人需要進修的事物真是很多。

從這一季世足賽開始，決心成為更加博學多聞的女人吧！

外遇與養生

在朋友的聚會中，一個初次見面的男子看著我的名片，問我「專長女性心理治療」的意思是不是只看女病人。

「當然不是，」我常遇到這種問題，也早已備有答案：「人性是共通的，男性與女性的心理在基本層面上是相同的。而且，有些男人可能因為不瞭解女性伴侶的心理，苦於溝通不良或互動不良，所以研究女性的心理醫生當然也可以幫助男人。」

幾天之後，他跑來掛了門診。

他坐下來環顧診間，再上下打量我。我開始說：「你好，是什麼問題？」

「妳穿醫師服跟那天看起來不太一樣。」

「你可以告訴我哪裡不舒服、或是要看什麼問題嗎？」趕快導入正題吧。

「啊？直接說嗎？這樣很突兀！我以為心理醫生應該很會引導病人談話才對。」

我感覺自己的臉皺起來，門外有三十個女人在等候，他好像以為自己是來聊天的嗎？搞不清楚狀況。

我沒說話，盯著他看。心裡忍不住OS：這男人實在龜毛。

尷尬的沈默。

我堅持不發一語，他終於說：「唔，我，我也不知道怎麼說……就是，常覺得很累。在想是不是肝不好。」

胡說八道。如果真的覺得肝不好，應該會去看內科，不會神秘兮兮地跑來看精神科吧。

「嗯，那你希望我怎麼幫忙？要驗肝功能嗎？」我裝傻了。

「呃……其實我有驗過，說沒問題。」他東張西望一會兒，壓低聲音說：「醫生，我想知道，心理壓力會不會導致體力衰退啊？」

根據我的經驗，男人問「體力衰退」時，通常有特殊的意思。最好不要草率回答，否則結果可能會顯得這個女醫師很笨。

「你是指什麼樣的體力衰退呢？」我語調溫柔地問他。

「就是……那一方面。」他的額頭開始滲出汗珠，不過既然講了開頭，後面就比較容易了。他調整了呼吸：「我最近有跟一個女……女朋友……不是，應該是說紅粉知己在一起，妳知道的……可是好像常常不行。」

「是。」我說。

他看我沒有什麼評語，便繼續說：「前一陣子我覺得體力……就是那一方面的體力好像變差了，朋友說是因為我都只有跟老婆在一起，缺乏刺激，如果換個新對象、年輕一點的，就會改善，對身體也比較好，就是說，一種養生之道啦。」

什麼?! **原來男人外遇的理由還有這一種「養生型」的？**

他接著說：「剛開始好像不錯。可是最近又不行了，甚至更差。」他流露出無比沮喪的表情。

又是一陣沈默。我想著，到底該說什麼好呢？難道真的要跟他討論性功能嗎？如果他真的「不行」，我又能如何？

我嘗試突破他設定的格局，把問題的視野擴大：「你剛剛問到壓力會不會影響體力，是不是覺得自己有什麼心理壓力？」

「唉，有幾個女人能夠體會男人蠟燭兩頭燒的壓力呢！」他好委屈的樣子。

「不，是三頭燒。」他補充，「太太、女朋友，我還要顧事業。」

接著，他開始訴說典型的外遇故事。

結婚後，太太生了小孩。他忙於事業與應酬，很少跟家人相處。快四十歲的他，事業上遇到瓶頸，雖然擁有資深的頭銜與位階，實際上，對自己能力的極限已經心知肚明，相對地，後起之秀不斷追趕，上司身邊的位子變得遙不可及。他感嘆時不我予，回頭卻無退路，因為長期疏忽的家人早已習慣沒有他的餐桌，甚至是沒有他的旅遊與假期。

「我很寂寞。」他說。

然而，落寞的中年男人，不知為什麼就會有種特別的吸引力，我是指對某種類型的女孩子而言──二十六、七歲，早熟的、聰慧的、能力強的，而且通常還很美麗。

他認識了合作的公司裡一位這樣的女助理。她熱情主動地邀約他，起初他有點顧慮，但在某次受盡挫折的會議之後，他撥了她的電話。她為他打抱不平，在她的善解與溫暖中，他最後的一點猶豫融化了。之後，他教她一些內行的業務經驗，輕而易舉地贏得她的崇拜。在與她共築的小世界裡，在她肯定的目光下，他覺得自己終於獲得了重生。

「起初都很美好，我想她也很清楚我沒有要離開家庭的意思。」他接著強調：「我從來沒有騙她。可是漸漸地，我們開始爭吵……她開始計較我回家的次數，不准我接小孩的電話，只要我稍有怠慢，她就威脅要告訴我老婆一切。」

於是，紅粉不再是知己。為了維持危險的平衡，他開始編造一個又一個的謊言，疲於奔命，最後根本沒有興致做那件事。但女友把他的性欲低落視為他熱情的減退，不然就是質疑他為老婆耗費了能量。

「我只好發誓，說我已經沒跟老婆睡在一起。另一方面，我對老婆和小孩覺得很愧疚，拚命買東西送他們，結果他們覺得我很反常……我想我老婆根本就已經知道了，只是在跟我玩心理戰。」

最後，他覺得更寂寞了。**世上沒有一個人可以完全坦白以對，因為他對每個人都有秘密。**

「妳說，這樣的壓力大不大？」

我說，這樣的壓力，體力不衰退也難。

「我知道這是無解的。妳看有沒有什麼藥，讓我吃了不要這麼累就好了。」

他倒是很有自知之明，連建議都不想問。

「藥是有的。」我只是在想，應該給他抗憂鬱藥，讓他心情愉悅，「皮

皮的」，不要在乎太太、女友有什麼不滿，順便抑制性欲，讓他根本不會想做那件事，也就不會煩惱力不從心了。還是我應該給他威而剛，讓他繼續滿足兩個女人的要求，證明自己的熱情呢？

最後，真正留在我心裡的感觸是：現在的女人真的越來越難搞定，不管是做女友或做太太，都越來越厲害了。男人外遇，能夠不傷身就該謝天了，想藉此「養生」，大概希望渺茫吧。我開始考慮開個男性特別門診了。

單親又何妨

Emma是科技公司的女主管，她的事業正處於巔峰，憑著過人的專業直覺和衝勁，在職場一路晉升。她的行程表永遠排滿了會議、演講和參訪，但沒有人知道她每週五都趁著外出開會的空檔跑來看我的門診。

前幾次來看診時，她只說自己長期失眠、全身緊繃、很容易生氣，而且記憶力似乎比以前差，希望我開點藥。幾週後，失眠的問題靠著藥物解決了，但是她仍然覺得自己很容易煩躁。

「我脾氣很不好。」她給自己一個負面的評價：「每個人都很怕惹我。」

我對脾氣不好的女人特別感興趣。

我並沒有直接把「脾氣不好」寫在Emma的病歷上，而是肯定她的感受：

「想必有很多事值得妳生氣吧？」

她顯得有點驚訝：「咦？沒有人這樣問過我耶！」

想了一想，她說：「昨天氣什麼我也忘了，今天是氣我前夫。」

Emma在三年前離婚，獨自帶著一個五歲的小女兒生活。最近女兒生日快到了，前夫頻頻來電，要帶女兒出去慶祝。然而，過去幾次前夫探視女兒的經驗都讓她很不愉快，前夫會買很多玩具給女兒，「有一次女兒回來還哭著說：『爸爸說他每天都很想我，可是妳不讓我們在一起，妳是壞媽媽。』」她不想再讓前夫有機會跟女兒獨處，但前夫、婆婆和小姑們卻不斷打電話來，責怪她因為自私與怨恨而剝奪了孩子享受父愛的權利。

談到這裡，Emma的情緒激動起來：「他們說這種話到底有沒有良心！」

後來Emma對他們一律以掛電話回應。不僅如此，她的憤怒似乎已經波及女兒——那天早上女兒只是問了一句：「爸爸什麼時候來？」她立刻大發脾氣，堅持要女兒罰站一小時，任憑外公外婆求情也沒用。

我覺得她應該談談那段婚姻的恩怨，但她似乎無意敘述那段歷史，只氣憤地說：「我絕不會妥協的！再來找我女兒，我就帶棍子去砸他的車！」她看看錶，驚叫一聲：「來不及了！」迅速拿起桌上的藥單，一邊往外衝，一邊說：「醫生抱歉，我要趕開會。」旋風一般地離去後，留下滿室古馳香水的芬芳。

坦白說，她說話的方式和樣子是讓人感覺很難親近。可以想像她生氣的時候所有人都只想躲得遠遠的。

護士小姐說：「真急躁，難怪會生病。」

實習醫師問：「她這種是什麼病？」

「你們覺得呢？」聽說當老師要多用啟發的方式。

「她心情不好，像火藥庫一樣，已經影響到親子關係和人際關係，加上失眠、記憶力衰退、負面思考，還想砸前夫的車，這些已經符合憂鬱症的診斷準則了吧？可是她好像能量強大，兇巴巴的，像刺蝟一樣，還能負擔那麼多工作，說她憂鬱症又感覺怪怪的……還是焦慮症？人格障礙？」

「不如先問你，她有病嗎？」我說。

女人生氣是一種病嗎？

其實，我真正想說的是：女人不能火大、不能不爽嗎？

我不喜歡有些醫生動不動就把女人的生氣定義為「情緒調適障礙」、「憂鬱症」、「個性問題」，或是荷爾蒙造成經前憂鬱之類的。我相信女人生氣百分之九十九都是有理由的，雖然某些理由乍聽之下很奇怪，只要願意仔細推敲，一定能發現背後隱藏的心結。

偏偏一般人沒有閒工夫去替女人思考，女人自己也常常弄不清楚真正生氣的對象，更糟的是，許多女人一旦生氣就會氣到話都說不好，充滿了情緒性、以偏概全、邏輯不通的詞句，徹底表現出所謂歇斯底里的樣子，這樣根本沒辦法引導別人瞭解自己思考與感受的原委。本來是別人的錯，結果最後看起來卻像是女人自己在發神經。我覺得這真是女人的一大冤屈。

「別以為她只有充滿鬥志的強勢面。」我對實習醫師說：「我們需要瞭解她的過去，分析她為什麼變成一隻刺蝟。」

沒有女人天生就是刺蝟的。

幾週後的夜診，護士轉進Emma的電話，她說自己快瘋了，怕控制不住會去殺人。我聽到她不斷地啜泣，連話都講不清楚，跟平常給人的印象完全不同，真是嚇了一跳。拼拼湊湊，我總算聽懂她發生的事，原來他們公司尾牙在北投聚餐，大家都喝了酒，一個男下屬開車送她回家，經過山區幽暗小徑，把車停下，轉身強吻她，Emma酒意全消，用力掙脫，男同事還自以為是地說：「妳一個人帶著小孩，很寂寞吧！我知道女強人內心都是脆弱的，其實妳很想吧！」

Emma簡直不敢置信，平常自己在公司威風八面，呼風喚雨，這些男下屬個個唯命是從，原來心裡竟是這樣看她的！狠狠甩了對方一巴掌，她狼狽地下了車，脫下高跟鞋提在手上，頂著散亂的髮髻一路奔跑，也不知跑了多遠才攔到計程車回家。她察覺自己劇烈地顫抖，卻控制不住，她開始打自己的頭，恨自己為什麼會感覺如此害怕與無助。

隔了幾天她依約到門診來，脫下高跟鞋讓我看滿佈割傷的腳。我沒見過她如此落寞的神情。其實，在尾牙事件後，還有雪上加霜的事——那天她在客廳打電話給我，掛上電話後，發現保姆楞在一旁，等著告訴她，小女兒那天從幼稚園回來後就啼哭不休，揉著眼睛一直說：「同學笑我沒爸爸……」

她覺得自己徹底崩潰了，好累好累，似乎一切的努力都沒有意義。

她茫然問我：「不管我多拚，在別人眼中，我只是一個獨守空閨、婚姻失敗的女人嗎？」

其實Emma有交往中的男友。但她目前並不想結婚，甚至不希望對方過分侵入她的生活，所以連許多同事都不曉得。她想保有目前獨身的自在，體驗自己在事業、生活各方面能力的極致。

有一次男友和她一起帶女兒去遊樂場玩，逗著她女兒說：「妳要不要叫我爸爸啊？我做妳爸爸好不好？」她買霜淇淋回來聽到，當場翻臉，把兩支霜淇淋都砸在男友臉上，拉了女兒就走。

「我以為他可以瞭解我，可是他竟然也跟別人一樣，以為我是需要依靠男人的可憐單親媽媽！」知道這件事之後，Emma的父母、兄嫂一致責怪她，說她不是怪癖就是太驕傲，而且所有人都認為她太自私，為了自己賭一口氣，強迫五歲的小女兒沒有爸爸，過不正常的家庭生活，「他們都說這對我女兒不公平」。

我看得出來，她知道自己要什麼、不要什麼，但在周遭的壓力、責難下，在眾人等著看她撐不下去的眼光下，在至愛女兒的幸福期待下，她迷惑了，因為這樣的迷惑，她不得不用憤怒的武裝掩飾內心的焦慮。

我鼓勵她回溯自己如何走到今日的位置，我想，這可以幫助她重新確信自己的抉擇，一旦確信自己的抉擇，她就不需要使用過度的敵意來掩飾內心了。

猶豫許久，她終於重提不願回想的過去：

「我前夫是一個講話很動聽的人，但是做出來的事情卻跟講的都不一樣。五年前他生意失敗，需要用錢，他從我身邊的資源一直去挖，我發覺他跟我好多朋友都借錢，卻沒讓我知道，那個名單列下來，台灣頭到台灣尾，起碼大概有一百多個人，等於是他用錢，我欠人情。

「他拿了錢去大陸工作，兩年後有次回來，叫我跟他離婚，他說生意又垮了，如果不離婚，我的財產也會被拖下水……

「其實那時候我覺得辦離婚也好，因為我真的很怕辛苦存下來的錢被他散光。可是，簽完離婚協議書之後，他就沒回來過，連電話也改了，真的就是人間蒸發。後來我才打聽到，他那時候根本已經有女人，一跟我離婚就跟那女人結婚了。知道之後，我整個人都崩潰了。我躺在床上好幾天，一點力氣都沒有，稍微有力氣以後，又靜不下來，心裡好像有一把火在燒，我只好捶自己、撞牆，不然就是喝酒麻痺自己。但是清醒過來，看到女兒抱著娃娃縮在牆角，好害怕的樣子，我知道我一定要拿出力量來，就算本來我裡面沒有力量也要想辦法激出來。

「我把重心都放在工作上，好不容易還完他欠我朋友的錢，闖出現在的局面，可是現在他的錢又用完了，女人跑了，才回來用女兒需要父親的藉口來找我！」

一口氣說完，Emma緊繃的身體突然放鬆下來，像個孩子般大哭了一場，是發出聲音，哇啊哇啊的那種大哭。是卸下防衛、容許自己脆弱的解放哭泣。

我安靜地陪著她，此刻我可能是世上唯一能陪她肆無忌憚地哭泣，不會叫她找個男人結婚了事的人吧。

被認為是「刺蝟」一樣的女人，內心往往是有傷口的。

在過去受傷無助的時候，她學會了反擊，這是存活下去的要件。因為安全感遭到破壞，她必須穿上有刺的外衣。前夫的背叛與傷害，的確造成Emma現在對人的防衛與敵意，但如果一味否定她的防衛，要她如何生存呢？她不願意讓前夫探視與誤導女兒，這難道不是一個單親媽媽生存所需的強悍嗎？「父愛」的確是個冠冕堂皇的理由，但決定讓女兒失去父愛的人，是她的前夫，不是她。

「妳有權利堅持妳的決定。」我說，並輕輕地提醒她：「不過，妳也可以想想，**這些刺是雙向的：向外刺擊別人的時候，也同時向內刺痛自己。**」

我相信得到自我肯定之後的Emma，會有能力慢慢調整過度的防衛。

另一方面，慘痛的婚姻和這段靠自己站起來的經驗，也讓Emma看到自己的潛力，讓她發現另一個自己，敢於懷抱自我成就的雄心，不再把婚姻與男人當成人生的要件。她的獨立與強悍讓周遭的男人不安，性騷擾事件和男友的一廂情願，讓我見識到男性拒絕承認「女人可以不需男人而獨立生存」的心態。

幾個月後，Emma向我暫別，因為接任亞太地區的總經理，必須在幾個國家各待三個月，她帶著行囊，又是初見時充滿自信的樣子，在她看了錶、又打算旋風般衝出去時，我急著問：「去那麼久，那女兒呢？男友呢？」她原本已經衝到門口，倏地停下，並沒有放下包包，只是偏過頭看我：「喂，醫師，妳應該問我去那麼久，不曉得可以賺多少錢吧！別擔心了，再聯絡。」

之後的幾個月，我陸續收到她寄來的明信片，多半是她主持各種研討會的神氣照片，其中有一張，是她的女兒在韓國的學校領獎的照片，我不知道是什麼比賽，不過，小女孩自信的眼神真是跟她一模一樣。

誰說女人不能自己帶好小孩？誰說離婚的媽媽一定很寂寞？誰說女人一定要依靠男人？

那是不願意看到女人獨立的男人，不承認女人有專業能力的男人。或者，還有一些習慣靠男人生活、不敢相信女人可以有另一種選擇的女人吧。

好想變得更美麗，好想變得更睿智，好想變得更富有……
結果，每天都變得好煩。

漂亮的衣服總是沒有妳的尺寸？
妳需要「服飾法」、「女性主義的試衣態度」……

不屑為男人裝扮，卻又難捨天生麗質？
其實，妳「沒有誘惑任何人，只是表現妳自己」……

這次減肥又失敗了？
其實，原因在於「家族理論與肥胖的關係」……

總是嚴謹地生活，從不放縱？
其實，「無法建立成癮行為」是「缺乏安全感的症狀」……

明明想存錢，卻總是中邪般地亂買？
其實，妳可以「解構讓荷包失血的推銷戰術」……

鬧鐘響了，又要上班？
其實，妳知道自己工作的理由嗎……

對生活中各式各樣的煩惱應接不暇？
其實，一間房子就可以讓妳變得堅定自主……

覺得悶悶不樂，醫師說妳得了憂鬱症？
其實，妳有抗憂鬱的其他方法，拒絕「千面女郎」……

別慌張，妳會在這些故事裡重新找到自信與魅力。

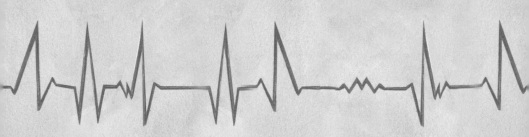

輯3

Except Love

女人
更幸福的選擇

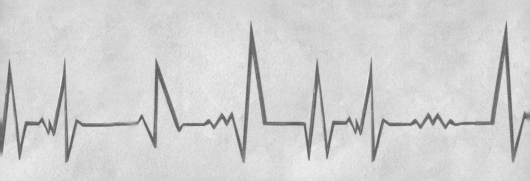

沒尺寸?你犯法!

前些時候，我在電視上看到一則報導：某國最近制訂了「服飾法」，明訂服飾店各種款式的衣服都必須備齊6號到16號，否則會遭到罰款。我的第一個反應是：「哇，好棒的國家！是哪裡啊？」

可惜主播唸國名的時候我還在洗碗沒聽見。之後我拚命地想從網路上查出到底這是哪個國家，卻怎麼也找不到。我請教每天會看十種網路報，號稱「新聞達人」的Chuan，他查了整整一個小時，終於忍不住問我：「妳是在唬弄我嗎？根本沒有這種新聞吧！」

我堅稱真的看到過這則新聞，甚至願意發誓賭咒。Chuan又花了半個小時搜尋英文的網站，還是找不到。他起身離開書桌，用關切的眼神看著我，說：「妳是不是太累，產生幻覺了？」

「幻覺？你是說，像我的病人那樣？以為自己看到、聽到某些東西，可是事實上根本沒有嗎？」

Chuan看著我龐大的衣櫃和四處披掛的衣物：「可能妳太希望有這種法律，結果變成幻覺出來了啦！」

哇，真的嗎？被專攻心理分析的專家Chuan這麼一說，我也開始懷疑那是自己的幻覺了，因為我的確很希望有這種法律！

如果妳曾經看上某種款式的衣服，卻發現服飾店店員用鄙夷的眼神瞥了一下妳的臀部，一副懶得搭理的模樣，或者甚至在妳開口詢問時直接丟下一句：「妳不能穿！」相信妳也會想跟我一起搬到那個有「服飾法」的國家去住。

隔天早晨我在咖啡店吃早餐時遇到美女獸醫Grace，她帶黃金獵犬出來跑步，雖然是冬天，她仍舊穿著超辣的短褲，汗水淋漓地，周圍的男士每個都抬頭貪婪地盯著她，那種表情跟Grace腳下伸長舌頭「哈——哈——」流著口水的黃金獵犬還滿像的。

我告訴Grace服飾法的事，站著喝咖啡的她立刻大表反對：「什麼！太離譜了吧？這是什麼法西斯國家！憑什麼連賣衣服的尺寸都管？」

「可是，這樣女人就可以自由地穿各種喜歡的衣服，不用辛苦地減肥啊！」我一邊嚼著香脆的培根。

「嘿，妳想想看，我買這件熱褲時，店裡最大就是M，38號吧！如果妳規定他們做到XXL、還是46號，又怎樣？妳覺得XXL的熱褲還算是熱褲嗎？」Grace不滿地說得很大聲，我感覺周圍的男士頻頻點頭，深表贊同。

熱心的Grace趁機教訓起來：「妳看看妳！大學的時候比我還苗條耶！現在呢？整整比我大兩號！」

「喂，拜託妳小聲一點！」我好想挖個地洞！

為了轉移話題，趕快搬出理論來反抗：「Grace妳太不女性主義了！妳沒有讀過嗎？一個社會如何藉著時裝產業營造女人對體型的焦慮，再串連減肥、美容產業，合力剝削女人，控制女人，讓女人沒自信！這是父權啊！」我想到自己交給某家「健康減重塑身中心」的六萬塊，一陣心疼。

Grace歪著頭，把烏黑閃亮的馬尾甩到一側，露出不可置信的表情：「乖乖，這不是服飾產業的問題，是女人自己的問題！如果真有妳說的那種服飾法，只會讓女人更墮落、更胖！」

不僅如此，Grace接著對我說：「妳知道為什麼妳需要女性主義，而我不需要嗎？」

怎麼可以隨便侮辱我最仰賴的女性主義！我以沈默抗議，繼續啃另一條熱狗。

但Grace不放過我：「妳看！像今天早晨，我帶Hero（就是她流口水的黃金獵犬）跑步，我劇烈地跑了一小時，消耗四百大卡，而我早餐只吃生菜和黑咖啡，不到一百大卡吧，但這一小時，妳不但沒運動，還吃了這麼多東西，我幫妳算一算……」

Grace打量我的盤子，做著心算，「至少四百大卡！」她說。

這樣就四百了嗎？我覺得好悲哀，我還很餓耶！

「不對！」沒想到Grace又說，「妳剛吞進肚子裡的麵包是哪一種？是『可頌』吧？那要比白吐司多一百大卡！還有妳竟然在咖啡裡加了牛奶和糖！這樣大概五百五了！」她的表情好像是在看著一個罪犯。

「所以囉，光是今天早晨，把妳多吃的和妳少運動的加起來，妳已經比我多存了八百大卡在身體裡了！這只是一天喔，一個月下來，妳就會比我多存二萬四千大卡，那我們畢業十年了，總共是多少大卡呢……」

Grace恍然大悟地點頭道：「也難怪妳會比我大兩號啊！不，只大兩號算妳運氣好了。」

目送Grace活力旺盛地跑步離開後，我又點了一杯咖啡，這次沒加糖和牛奶。我回想著自己買衣服的經驗，開始猶豫對服飾法到底應該贊成還是反對。

服飾法真的會讓女人墮落嗎？

之前我有過一趟東京之旅，出發前特別留意了那幾個月的日系雜誌，當時到處可見有荷葉般波浪下襬的裙子，我覺得及膝的裙子具有波浪下襬是很聰明的設計，因為它仍然可以做為套裝的裙子，上班開會都可以穿，但是卻低調地露出一點浪漫，好有女人味喔。我決定要在東京好好買它一脫拉庫。

到了東京，逛起街來，果然每一個品牌當季都有波浪下襬的及膝裙——但是，沒有一件我能穿的！那種感覺實在糟糕，我試了五、六家，直接請他們拿「最大號」讓我走進試衣間，然而沒有一件能穿著走出來。有的是拉鍊拉不起來，有的則是根本沒辦法把我的臀部塞進去。

當時大概是把沮喪掛在臉上吧——每一個可愛的店員小姐看到我失望的表情後，都努力地要幫我找「能穿」的裙子，可是，幾乎每一個拿來的都是A字裙或普通的直筒裙。剛開始我還費力地比手劃腳，說明「我就是要找波浪裙」，我心裡嘟囔著，真是奇怪，為什麼A字裙和直筒裙可以做到40號，但我嚮往的波浪裙只到38號，甚至只有36號呢？

最後我好不容易在六本木一家外國顧客很多的店找到一件，當我半信半疑地拉上拉鍊時，真是欣喜若狂，但是，一看到鏡子，我終於明白為什麼大部分店家都不賣大號的波浪裙，因為，臀部大的人本來就不能穿波浪裙啦！想想看，40號以上的臀部，加上下襬波浪的膨脹效果——我端詳著鏡子裡的自己，覺得似曾相識……啊，原來是像迪士尼動畫《小美人魚》裡面的壞女巫烏蘇拉——那隻下襬有好多「波浪」觸手的——章魚！

後來我再也不敢看波浪裙，而且回來後決心減肥，吃了一個月的生菜沙拉。可是，我的臀部真的太大嗎？如果是在紐約或歐洲買衣服，我就覺得很自在啊，可以一直問店員：「太鬆了！沒有小一點的嗎？」不過，有時候這裡又會有另一種困擾——那就是，發現自己的胸部不足以填滿他們的衣服……

我當然知道這是體型的種族差異，令我困惑的是，我們要對齊哪一邊呢？是繼續看日系雜誌，厭惡自己的臀部，每天吃生菜沙拉，還是改看美國雜誌，每天大口大口地吃薯片豐胸呢？

第一次為我點出這種「服飾自由思考」的人，是一位被同事稱為「中年美婦」的資深女主治醫師。有一次她看到我的便當，很訝異地問：「吃這麼少能過日子嗎？」我說我需要減肥、店裡很多衣服都不能穿時，她驚奇地說：「妳都去哪裡看衣服啊？該不會還在買少女裝吧！」

少女裝？我沒想過這個問題！「那學姐您都在哪裡買衣服呢？」

「我的骨架比較大，歐洲品牌比較適合我。」

「比較適合我？嘿，我買衣服的時候，好像都是想拿自己去『適合』衣服啊！沒辦法把自己塞進喜歡的裙子，就想辦法減肥。」我說。

集智慧與美麗於一身的學姐憐憫地看著我，說：「妳以前應該上過國文課吧？『削足適履』聽過嗎？」

於是我決定下次試穿衣服的時候，要自信一點，如果哪個白目的店員說「妳的臀部比較大、大腿比較粗，減一點就可以穿了。」我一定要糾正她：「不是我太大！是你們的衣服太小了！」

我想起以前經歷過的店員，有人跟我說過：「妳穿束腹的話這件就穿得下。」「妳要穿修飾褲……」還有「妳應該穿魔術胸罩！」不可思議，以前怎麼都沒發現我可以抗議呢？

我決定把這當作一種新的生活目標，就稱為「**女性主義的試衣態度**」吧。

這麼一想，我在剩餘的半杯咖啡中豪氣地加了兩顆奶球和一整包糖。好喝多了！這才是人生啊。

我愉快地回到家，發現Chuan寄了E-mail來——「找到了！不是妳的幻覺！」原來通過服飾法、規定店家要備齊6號到16號尺寸的國家是「阿根廷」！

不過，《華爾街日報》的結論是這樣的：「阿根廷，這個盛行整容手術、減肥、厭食症和精神分析的國家，通過了這樣的法律，以一種新的父權手腕——干涉商業自由，來反抗原來的父權——規範女性的標準體態。」「新法制訂者似乎是在對女性說：喂，我准許妳現在可以胖一點啦——還是父權的口吻！」

原本以為找到立場的我，這下又迷惑了。只賣標準尺寸是父權，強制實行服飾法也是父權。到底我該認同哪一邊，我的意思是，到底要不要繼續實行「穿回38號」的節食計畫呢？這關係到我今天該不該吃蛋糕啊，真傷腦筋。

這時候，不知女性主義的大師們會怎麼說？
我在腦中不斷搜索讀過的女性主義理論，然而，出現的卻是多年前司迪麥廣告的名句：「**女性主義就是敗在衣服和愛情上**」……

無心的誘惑

我收到一張明信片，是知名內衣品牌的廣告。特寫的女性軀體穿著黑色網紗胸罩，上面綴有火紅的蕾絲花朵。美女的肚皮上有一行字：

「我沒有誘惑任何人，我只是表現我自己。」

我本來已經要把它丟到垃圾桶了。因為上次不知是中邪還是怎樣，我竟然糊里糊塗地買了這家的內衣，一套總共八千五百元，其實在簽刷卡單時就已經後悔了，可是又沒有勇氣說不要。不過看到這句廣告詞，我覺得好像值得思考一下，又把它撿回來。

隔天作家好友Celina聊到要買內衣，我拿出這張明信片給她看。

「穿著美麗的內衣，不為誘惑任何人，只是表現自己——嘿，很棒的idea！不過這家的好像很貴吧？」

「是啊！連我這樣的女人也會被它打動耶！」我說，「而且我明明才發誓過，不再買他們的東西了。」

「妳這樣的女人？哈哈，妳是說，『意識上自詡為獨立自主，認為女人不該以魅惑男人為職志的時代新女性嗎？』」

是的，時代新女性！如果內衣廠商對時代新女性說：「來買內衣吧！本公司的內衣設計新穎，性感嫵媚，保證穿上之後男人會為妳瘋狂喔！」大概沒有人會理他吧。

至少我不會去買，我認識的那一千女人大概也都不會，因為這種感覺實在太不時尚了。雖然東西可能沒什麼差別，但買下被這種廣告包裝的內衣，穿起來時難免會覺得同時穿上了伴隨的意象，我不禁想到「X鵰藥酒」的廣告中，那種專職放洗澡水的女人——天還沒黑就穿著暴露的絲質睡衣，目露春光，用塗著寇丹的長指甲輕輕撩撥著男人，嬌聲地問著：「今天會累嗎？」好像整天只等著要做那件事而已。

「如果變成這種女人……實在太可怕，我想到都起雞母皮了。」我說。

Celina大笑，「妳？喂，不要看不起人家，我們還沒有本錢做那種女人呢！妳可以試試看去放洗澡水，應該會把男人嚇跑啦！」

我不甘示弱地反問：「那妳呢？喂，好像連指甲油都塗不好吧？上次妳求我教妳塗腳趾甲，我的沙發現在還留著被妳沾到的指甲油耶！」

Celina收斂起笑容，「我承認，我也有這種心理障礙。似乎隨時在追求一種自我認同，想要區分自己跟『那種女人』不一樣。」

這種心理障礙是從何而來的呢？

我覺得這包含了雙重原因，第一重是「好女人」的意象——從很小的時候，我們就在不知不覺中被灌輸一種區分女人的觀念——好女人是正經收斂的，壞女人才是狐媚招搖的。許多這樣長大的女孩，在進入成人的世界後，錯愕地發現自己竟然因為缺乏狐媚招搖的能力而倍嚐寂寞，但是，根深柢固的觀念又不容許自己跨界。

第二重是「自主新女性」的意象——也就是Celina和我這些臭脾氣的大女人，總覺得存心誘惑男人的行為不夠格調，有辱知識女性的尊嚴。

不管是受到以上第一重、第二重、還是雙重理由的影響，總之就是有一群女人，**不容許自己汲汲營營地以誘惑男人為目的，但是照鏡子時又總是覺得「天生麗質難自棄」**。用某位男性友人的話來說，就是「妳們這群難搞的新女性」。

然而，像我收到的明信片，這種以「表現自己」為訴求的廣告，為這些女人的心結提供了絕佳的突破。看看近年以新女性為消費族群的商品，在廣告上都採取了意識型態的轉彎，從衣服、化妝品、塑身到各種美容事業，都把強調的重點從「誘惑男人」轉為「取悅自己」。最早的創意是把「女為悅己者容」改為「女為己悅而容」，這些新女性意識的廣告，大聲地訴說著：「妳是時代新女性，沒錯！妳最大，妳不用為男人打扮了……但是妳還是要打扮！因為打扮漂亮妳會很開心，都是為了妳自己！」

於是，不管是以良家婦女「自持」的傳統好女人，還是以女性主義「自恃」的獨立大女人，都有理由在裝扮上解放了！可以盡情地冶艷，盡情地展現妖嬌性感的另一面，因為妳「並沒有誘惑任何人」，妳「只是表現妳自己」！

「但我總覺得弔詭，」Celina說。「『為了自己』而打扮？為什麼打扮自己就會開心呢？」

的確，**如果在「不誘惑男人」的前提下，如果真的「不在乎有沒有男人被誘惑」，女人打扮漂亮時到底在高興什麼？**

如果妳在一個無人荒島上，還會穿有鋼絲和襯墊的修飾內衣嗎？如果旁邊都沒有人看，穿著呈現曲線的緊身服飾、臉上塗著厚重粉妝，真的會比運動服和素臉呼吸來得愉快嗎？

在我們之中，進化得最完全的大女人Grace，為此做出了最好的註解。Grace說，每次買了新衣服，打扮起來時，一定會找點事情出去做：「一定要讓別人看到！不然多可惜，花錢買新衣服只有自己看到！化妝化了半天只有自己看到！」

外出回來後，Grace心滿意足，她認為男人讚賞的眼光就像一場盛宴，她用裝扮上的投資換得了自信的飽足，這是一種有益身心的娛樂。Grace清楚地自覺，「誘惑男人」不過是她的一種嗜好和遊戲，並不是生活的目的。

我要說明的重點是，**雖然她打扮的「目的」是取悅自己，不是誘惑男人，但是，誘惑男人卻是她取悅自己的必要「過程」。**

所以，Grace對於「我沒有誘惑任何人，只是表現我自己」的評語到底是什麼？

「狗屁啦。」

（Grace是獸醫，獸醫提到狗的附屬物時，妳不能說她粗魯。）

「我表現自己的時候，一定會順便誘惑到別人啦！」

對了！這就是內衣廣告高深的意涵：女人專心地表現自己，「順便」誘惑男人，只是順便而已，一切都是無心的喔。

至於那些受到誘惑而對Grace朝思暮想（希望有一天是對我和Celina）的男人——抱歉！不關我們的事啦，都告訴你了，我們只是在表現自己啊！

心寬與體胖

我應邀到衛生所的減重班演講，護理長告訴我，排定的時間是上午十點到十一點。當天我準時到達，只見教室裡熱鬧非凡，幾十位學員嘴巴動啊動的，忙著吃點心，我以為她們耐不住節食的辛苦，趁下課時間犯規偷吃，仔細一看，所有人吃的竟然都是一樣的東西，一種麵包狀的食品，原來這是營養師為她們統一規劃的代餐。

不過，上午十點，這算是什麼餐啊？

我隨口問身旁的一位：「現在才吃早餐啊？」她說：「唔……早上吃過了，這個是她們發的點心。」咦？我以為減重班應該對攝食量斤斤計較，她竟然吃了兩次早餐！

我又問：「妳覺得餓嗎？」她笑笑說：「其實也不會，反正發下來就吃啊，大家一起吃嘛。」

我把疑問放在心裡，面帶微笑地走上講台，她們也對我報以微笑。演講時間已經到了，但是沒有任何一個人顯露出焦急的樣子，大家還是快樂地吃著點心。沒吃早餐的我，肚子咕嚕咕嚕，我忍不住問：「可以開始了嗎？」

幾個坐在前排的學員很開朗地說：「不用急，慢慢來。」

我說：「可是，我為大家準備了一小時的演講內容，現在已經十點十五分了？」

她們繼續嚼著麵包說：「沒關係，晚一點下課沒關係，我們都不趕時間。」

我覺得自己臉上出現三條斜線，好像沒有人理解，有關係的應該是講師的時間，而不是她們的時間吧？我真希望自己可以勇敢地說：「不好意思，貴單位只付一小時的鐘點費，我不太方便（其實是不太樂意啦）待在這裡兩小時……」但面對她們的活潑氣氛，我如果這樣說好像太沒有人情味了。於是，我只好忍住，耐心地等候。

我經常到處演講，卻很少遇到這種情形。我不禁好奇，這會不會是減重班的特色？常說「心寬體胖」，相較於我過去習慣的聽眾——那些分秒必爭的職場女性與菁英族群，減重班的成員是不是比較隨性、不拘小節呢？所以「發了點心就吃吧」、「晚一點上課就晚一點下課吧」？

又過了一會兒，帶領她們的營養師出現了，她吆喝著大家交出昨天的作業，好像沒發現我的存在。我只好在講台邊坐下，隨手翻看她們交上來的飲食紀錄表。我立刻被其中幾張吸引住，有好幾個學員寫得一模一樣：

早餐：南部粽一個
午餐：南部粽一個
晚餐：南部粽一個

哇，一天三餐都吃粽子?!實在是我這樣的人所無法想像的事。前一天是端午節沒錯，但是，嚴格減重中的人可以這樣吃嗎？

我開始思索，如果她們都有志一同地這樣吃，表示這也是一種存在的飲食觀，但我卻覺得不可思議，其中的差異會不會就是決定胖與瘦的秘密呢？

終於開始演講了，我受託的主題是「情緒與飲食」。她們的反應非常熱烈，不但有問必答，對每一個笑話也都很捧場地反應，半節課不到，我也感染了輕鬆的氣息，越講越起勁，毫無保留地吐露自己的節食與塑身經驗，簡直快要手舞足蹈，真是前所未有的暢快。

台上台下有著良好的互動，我放心地提出「三餐吃粽子」的問題，想瞭解她們的心態，結果得到廣泛的迴響，許多人說：

「知道熱量超過啊！可是家裡粽子那麼多，吃不完怎麼辦？」

「一年只有一次端午節嘛！」

「今天少吃一點就好了。」

最後，一位像是班長的學員豪氣干雲地說：「粽子放在那裡，大家都怕胖，總要有人犧牲，捨我其誰！」全班立刻報以熱烈的掌聲。

我看著她們可愛的臉龐，想著自己冰箱裡成堆的粽子，好像還有從去年留下來的……這都是因為，我家現在沒有任何人會犧牲自己去把粽子吃掉了！以前我們老媽一定會吃，但自從她被測出膽固醇過高之後，也不得不停止扮演食物鏈中的「清除者」角色。

像這樣的食物問題，其實只是生活中各種麻煩的一個代表，「總要有人去解決」！我想起**心理學上著名的家族理論，一個有壓力的家庭在結構上會需要一個「代罪羔羊」，由這個角色的「自我犧牲」或「承擔罪名」來解決問題，維持家庭運作的平衡。**

對於這些隨和、不拘小節的學員，**肥胖是不是她們在人生或家庭中扮演犧牲者角色的一種症狀呢？**

徵得她們的同意，我當場為她們做了幾個心理測驗，果然發現她們在人際關係中具有「配合別人」和「歸咎自我」的傾向。而且，在說明壓力的「外在歸因」與「內在歸因」時，我舉了幾個例子詢問她們的看法，例如：「如果妳設定三個月內要減掉五十公斤的體重，結果妳沒有達到這個目標，妳認為這是外在環境的問題，還是自己的問題？」所有學員竟然異口同聲地說：「自己的問題！」「意志力薄弱！」

我試著說出我的看法，肥胖的原因固然很多，但她們可能沒有覺察，自己個性中的隨和與善意，有時候會讓她們為了「大家方便」而擱置自己的需求。這其實不是意志力薄弱的問題，而是不習慣堅持自己的生活主張。

結束這場演講時，我們都覺得意猶未盡。她們希望我下次再來深談「自信與飲食」的關連，而我，突然對自己一向驕傲的準確體重控制有了另一種觀點——

其實沒什麼好自負的，我們只是比較堅持自我而已吧。

成癮的勇氣

去大型超市的時候，妳都買些什麼？

如果由超市推車的內容物判斷，我大概是一個生活特別簡單的人，補貨的內容總是不出礦泉水、沐浴乳、衛生紙、洗衣精、清潔劑之類的，也就是所謂的生活必需品。我覺得超市所賣的東西，除了生鮮食材之外，大概有百分之九十跟我的生活無關。

然而，我的個性天生有種怕自己會漏掉什麼的不安全感，看到別人的推車塞滿東西時，我總是忍不住要一窺究竟，希望藉由購買物的比較，檢查自己的生活是不是少了什麼。

例如，我發現很多人會買咖啡、茶包等「飲品」。在我們周圍，一天不喝咖啡就無法正常做事的人的確不少吧！一旦咖啡變成生活的必需品，或輕或重，反正都是成癮行為的一種。像Amy一天需要三杯雙份濃縮咖啡，「每天都要等到喝下咖啡之後，才能真正醒來」；Celina也是，身為作家的她，「沒有咖啡就寫不出東西」。

我曾經表示：「妳們這種習慣真是令人驚訝！」但大家都不當回事，Celina以為我的反對出自「醫師的職業病」，因為太瞭解咖啡對健康的負面影響而不敢喝。但這根本不是個理由，看看我的醫生同事們，每天早晨第一件事就是喝咖啡，也沒聽過誰在乎什麼副作用。人們常以為醫生都過著循規蹈矩的健康生活，這實在是嚴重的誤解。

總之，我絕不是那種因為擔心「骨質疏鬆」、「心悸」或「胃潰瘍」而不喝咖啡的人。雖然病人詢問時，我必須忠於職責而如此建議，但私底下，擺脫醫生的角色時，我認為天天惦記著養生原則而堅持不能這樣、不能那樣的人實在太神經質了。

事實上，我喜歡咖啡的味道，也喜歡喝了咖啡之後，莫名其妙地多出一把精力，可以再做很多事的感覺。但奇怪的是，只要連續喝了幾天咖啡，我心底就會出現一種意志，阻止自己繼續去喝。

起初我並不自覺，直到有幾次被Amy指出：「昨天、前天、大前天，午餐後大家不是都一起去喝咖啡嗎？今天妳卻突然說再也不想去咖啡店了。每隔一陣子妳就會這樣耶！」

這麼一想，我好像真的是會「避免上癮」的人。並非顧慮健康，而是本能地排斥成癮。

不僅是咖啡、茶、菸、酒這些有害的物質，就算是有益健康的牛奶、豆漿、蔬菜、五穀等等，我也會避免養成「每天都需要」或「不吃就怪怪」的狀況。又如，非常喜歡的甜點、糕餅，或是熱中的某種嗜好、娛樂，我都不會上癮，總之到了某種一般人認為還很輕微的程度，我就會自動停下來，有點像是「故意不去碰」那樣。

家人很早就發現我這種特質，比方小時候流行打電動，某次我和同學在店裡聚精會神地推搖桿、按發射鈕時，被「有意」經過的老師看到了，老師神色凝重地建議家長「加以限制」，以免「好好的孩子誤入歧途」，其他同學都被爸媽罰禁足，只有我媽笑著說：「不用擔心，她很快就會自己限制自己了。」

「可能我潛意識不喜歡對任何東西產生依賴，」我有點得意地告訴Amy，「萬一發生天災人禍，或是到了世界末日，物資缺乏，妳們都會比我先死翹翹，因為妳們生活所需的東西比我多。」

「什麼？這也算是優點嗎？」Amy說，「這會不會是一種缺陷啊？妳沒辦法享受那種感覺，成癮就是每隔一段時間，妳就會在生理和心理上產生渴求那種東西的焦躁，正因如此，一旦得到時，就會有無可替代的滿足感！」

我可以想像Amy說的那種感覺，但無論如何，除了不得已的事情，我還是傾向不要再為生活增加新的依賴與需求。

「妳不覺得人光是維生所需的東西已經夠多、夠麻煩了嗎？」我說。

「會嗎？」Amy疑惑地看著我。

「陽光、空氣、水、熱量、保暖衣物……這些還不夠多嗎？幹嘛還要加上咖啡，或是菸啦、紅酒、蛋糕什麼的。」我振振有詞地宣揚生活哲學。

「妳聽過『杞人憂天』的成語嗎？」Amy想起一件往事：「記不記得國中妳第一次配眼鏡時，很煩惱萬一在地震、淹水還是戰爭的時候，妳的眼鏡不巧破掉，又沒有地方可以重配，眼睛看不清楚怎麼逃命？」

沒錯，當時我一直想多配一副備用，但付錢的阿媽拒絕，她說：「像妳這款沒膽，如果真遇到天災地變，不用等眼鏡破掉就先嚇死了，看得到看不到沒差啦！」

或許Amy說的對，從另一種角度，**無法建立成癮行為其實是缺乏安全感的症狀？**

我越想越覺得有道裡，可能是因為缺乏安全感，害怕有朝一日失去依賴的東西，無法承受匱乏的痛苦，所以不敢放心地享受某種樂趣？也就是——缺乏「成癮的勇氣」?!沒想到我竟然一直把自己的弱點當成優點，身為精神科醫師，實在太慚愧了。

Amy看我似乎接受了她的觀點，繼續加油添醋：「還有啊，妳大學時不是曾經跟一個男朋友分手，原因是妳覺得他個性太好，讓妳忍不住事事依賴他？妳過度排斥自己對某種東西產生依賴，這樣妳無法享受人生！」

我有點後悔自己告訴Amy太多秘密了。

「那妳說我該怎麼辦？」

如果這是從小就有的毛病，靠自己大概很難突破吧。

「嗯，我想想……那就從喝咖啡開始練習吧！」

為了治療我的心結，開始享受人生，Amy負責督促我培養咖啡之癮，每天九點，「今天喝了嗎？」的簡訊會定時傳進我的手機。

我喝了四天，每天一杯拿鐵，都還算順利。然而，到了第五天，早上八點五十分，在Starbucks門口時，出現了！那種來自內心、無形的力量又出現了！我感覺被拉住而無法走進去。躊躇了大約七、八分鐘，Amy的簡訊快來了，怎麼辦？

我決定把手機關掉，轉身離開咖啡的香味。看來我這輩子是沒辦法成癮了，就接受自己嚴重的缺陷，以及無味的人生好了。

我怕Amy打來唸，一直不敢開機，但很快就開始擔心漏接電話，坐立不安。

我突然想到，那手機是不是也應該戒掉啊？怎麼可以讓生活變成沒開手機就怪怪的呢？

糟糕，這下可麻煩了……

咦？那我豈不是擁有一樣深刻依賴、算是成癮的東西了嗎？就是手機！

我高興地開機，告訴Amy這個好消息。

這麼看來，我的觀念真的該改了，要一個人完全不對任何東西成癮，這才是不可能的啊。

女人是購物狂嗎？

最近有些個案為了協商卡債而來索取「憂鬱症」的診斷書。

起初我很難想像為什麼有人會刷卡刷到超過自己的負擔，仔細與她們會談之後，我發現一件耐人尋味的事：許多女人在消費當時就已經知道不該花這筆錢，甚至並不很想要那件商品。

她們問我：「明明不想買，但心志卻彷彿受到魔力控制，無法自主地刷了卡，我是不是購物狂——精神有問題啊？」

妳也有這種經驗嗎？

經常買了不想買的東西、花了不想花的錢？

我以前也常這樣。我非常喜歡逛街，然而，百貨公司和各種商店中充斥著伶牙俐齒的售貨員，想要拒絕消費時，往往必須經歷一場辛苦的辯論，結果不是委屈花了冤枉錢，就是被打壞了逛街的心情。

不過，精神科醫師當久了之後，這種事已經很少發生在我身上了。不管是化妝品、衣服、直銷、還是健身中心，推銷人員跟我談了半天，最後多半是沒輒。我很想跟大家分享一下解構推銷戰術的心得。

推銷員常用的說服法就像一種心理戰，每個人都有性格上不同的弱點，許多只在乎業績而忽略服務道德的推銷員，喜歡使用幾近於辯論的說服術，強迫顧客購買不需要或不適合的產品。他們常用的心理戰術包括：

一、人身攻擊，極盡批評

常見行業 保養品、瘦身美容或健身房店家。

推銷策略 指出妳的皮膚瑕疵、身材過胖或過扁，大力推銷號稱能改善缺點的商品。誇大表現對皮膚、身材問題的嫌惡，引起顧客的不安，使顧客失去拒絕的自信。

妳想拒絕時，他們會說的招牌名言 「妳都不想改善啊？」「妳這個再不處理會越來越嚴重！」「妳買過類似的？那又怎樣？可是妳到現在還是沒有改善啊！」

二、吹捧上天，極盡讚美

常見行業 收藏品、飾品、服飾業。

推銷策略 讚嘆顧客的氣質與品味，認定妳一定懂得欣賞某某商品。

妳想拒絕時，他們會說的招牌名言 「美女，妳穿這件真的很好看，我要是像妳身材這麼好一定會買！」「別人一定常誇妳很漂亮，所以妳很容易疏忽保養，如果妳使用這種商品，會更完美而且青春永駐呢。」「我們都是走高級路線，所以一般人可能會覺得價格比較高。不過我一眼就知道您是屬於我們的族群。」（暗諷不買的顧客不夠高級。）

三、差一點點，極盡誘惑

常見行業 單項利潤不高、缺乏競爭力的囤積商品。

推銷策略 「差一點點」推銷法有兩種，一種是指「差一點金額就能獲得贈品或貴賓卡」；另一種是「妳只要再購買某某商品就更齊備了」。

妳想拒絕時，他們會說的招牌名言「這樣太可惜了！贈品活動到今天為止。」「妳不買整套的話，會失去價值感。」「同系列的產品用起來會有加成作用。」甚至是「全部買我們品牌的產品，擺在化妝台上比較好看、不會雜亂。」

四、名人造勢，極盡吹噓

常見行業 各種行業，尤其是高價位商品。

推銷策略 信口舉例其他顧客多麼滿意他們的商品，尤好以名人或明星為號召。

妳想拒絕時，他們會說的招牌名言「剛剛那位小姐買了五套呢。」「我們主顧客很多，雜誌上有報導蕭X小姐也都用我們的。」「舒X小姐還跟我們借去拍廣告耶！」

五、嫌貧愛富，極盡壓力

常見行業 所有行業。

推銷策略 褒揚揮金如土的消費型態，製造人人都很闊綽的假象，把謹慎消費塑造成被看不起的窮酸。

妳想拒絕時，他們會說的招牌名言 「只買這樣而已喔，我們顧客至少都刷一萬以上。」「這樣還太貴？小姐，妳一個月賺多少錢啊？」「皮包用一個月本來就該換了啊！」「現在沒有人穿過季的衣服了啦。」「唉呦！妳怎麼那麼省啊！」

六、慰藉憂鬱，極盡溫柔

常見行業 美容沙龍、健身房、保養品、健康食品、水晶、天珠等。

推銷策略 扮演像心理醫師一般的角色，同情妳的工作壓力、生活挫折，引起顧客的自憐情結，再推銷號稱能安撫身心、恢復神采或招來幸運的商品。

妳想拒絕時，他們會說的招牌名言 「妳那麼辛苦，自己要對自己好一點啊。」「女人最怕操勞，不調養的話會老得很快。」「身體健康最重要，多花一點錢也值得啊！」

七、先禮後兵，極盡抱怨

常見行業 服飾、鞋店、化妝保養品。

推銷策略 首先殷勤勸誘顧客試穿或試用多種產品，熱心親切地服務。但最後顧客若是不買，或買得不多，就立刻翻臉，露出不滿神態，抱怨浪費時間精力，為妳做的都是「白工」。

妳想拒絕時，他們會說的招牌名言 「試這麼多妳都沒有喜歡的嗎？」「妳剛剛不是說不錯才叫我去拿尺寸的嗎？」「這件哪裡不喜歡妳說說看？太寬喔，那那件窄的為什麼妳也不要？」「我等一下要重新摺這一大堆衣服！妳是在耍我嗎？」

面對這些強力的推銷攻勢，花錢事小，最討厭的是讓自己失去自信，浪費時間與店員爭執，或是破壞上街的心情。如果能瞭解這些推銷員利用的是什麼心理機轉，就比較容易避免不愉快的被迫消費。

下次遇到這些典型戰術，不妨試試以下的原則：

一、相信自己對自己的瞭解

推銷員誇大妳的缺點時不必當真，吹捧妳的優越也不能輕信。推銷跟愛情一樣，是沒有真理的。

二、克服與人比較的競爭心

推銷員搬出「模範顧客」時，不須理睬。因為那些出手闊綽的顧客很可能是捏造的，就算真的存在也跟妳沒有關係，最重要的是——帳單來時要繳錢的是妳自己喔。

三、不要期望被推銷員欣賞

對推銷員而言，唯有一擲千金的顧客才是好人。絕對不要費盡唇舌解釋妳不買的理由，以免讓推銷員抓住更多妳的弱點。不要害怕推銷員對妳不滿或嫌妳寒酸，因為只要妳走出店門，他就和妳沒有關係了。

四、保持神采奕奕的好心情

如果妳很不開心，工作壓力大或感情受挫，找些朋友抒發苦悶，一起想想辦法。憂鬱、失眠或精神頹廢的樣子，會讓妳顯得沒有自信，這種時候購物是最缺乏準度的。

最後，如果妳已經對這些心理戰術瞭若指掌，但還是常常心甘情願地大買特買，那麼，只好認真工作，好好賺錢囉！

女人工作的意義

過完年之後，討厭上班的病人又多了起來。年假放太久了，不知是假期讓人變得懶惰？還是假期喚醒了人們心中對自由的渴望？

精神科醫師有一項行規——不替病人作決定，面對這種個案時，一個好醫師理想的作法應該是傾聽、分析，協助他們瞭解內心真正的需求，克服不必要的焦慮，最後作出適合自己的明智決定。然而，理想終歸是理想，這種作法不一定能滿足所有個案，尤其是女性個案。我覺得女人比男人更要求分享與建議，對於一向面無表情、隱藏著自己想法的醫師，她們很難覺得滿意。

一個熟識的個案問我：「鄧醫師，我們已經討論半年了，還是沒有結論！我只想知道，如果妳是我，到底會不會辭職？」

如果我是妳？

我知道自己的眼光開始閃爍，不敢正視她。因為我也很想找人談談，如果有人幫我作決定更好——我也不想上班！

我曾經忍不住把這個秘密告訴一個病人，本意是想安慰她，因為我認為不想上班是很正常的事，大家都一樣，不用那麼痛苦自責，只不過大部分的人雖然一邊嘀咕，還是一邊繼續上著班。結果她很生氣地說：「騙人！醫師怎麼會不想上班？」她並不是驚訝，而是完全的不以為然，還說：「醫師又不會像我們這樣有壓力……老闆不會唸妳啊！妳只要跟病人聊聊天就可以了，不用受客戶刁難的氣，也不用煩惱什麼業績啦、薪水啦……」

結果那一次看診好像變成是她在幫我治療不想上班的問題，後來我回歸祖師的教誨，再也不敢隨便跟病人說自己的想法。

不過，這次經驗也開啟了我的思考——

內心同樣不想上班，為什麼有的人繼續做下去，有的人做不下去（或是不願做下去）呢？

首先想到的當然是錢的問題。我們醫院的心理師Kathy在過年後突然辭職了，她並沒有另謀高就，也不打算立即投入任何進修的計畫，她說只想先到美國，住在親戚家度個長假，幾個月後再慢慢考慮是否要申請學校唸書，或者就繼續玩著也無妨。

我算算，年輕活潑的她從學校畢業後只工作了四年，她的表現非常好，廣受醫師與病人的信賴，可以說正處在事業開展的起跑點，握有極佳的優勢與人脈。一般心理師做到這個階段，會想要開個自己的諮商所，如果留在醫院，就可以往學術、升等的方向前進。總而言之，在一般人眼中根本不是一個該辭職的時機。

「這樣辭掉不會有點可惜嗎？」我好奇地問。

「不想這麼累。」Kathy說。

「那妳不會覺得沒有收入怪怪的嗎？」我進一步追問，其實是因為心裡羨慕得不得了，很想知道她能夠灑脫地放下工作的竅門。

「其實我花費不多，我很少買衣服，很少出去，吃住都在家裡。」Kathy輕鬆地回答。

我心想，難怪我到現在還在上班，如果辭職後必須減少買衣服、減少出去玩、還得回去跟老媽住，我還是繼續上班好了。

不過，Kathy還有其他的出路——「找得到老公的話，以後就讓他養。不然最差就給爸媽養一輩子啦！」

可見能夠丟掉工作的首要因素是錢，如果有充裕的儲蓄，或是有人可以給妳錢，就比較不用受制於討厭的工作。更精確地說，這不只是有多少錢的問題，而是妳的消費方式跟積蓄之間的一種平衡。

至於「嫁個老公讓他養」，也是另一個複雜的議題。

好像有一些女人結婚後就直接辭掉工作，像護士Lin嫁給我學長之後就毫不留戀地丟棄了她的護士服。我實在很羨慕她們，可是我的同學之中還沒有人做得如此徹底，雖然大家聚會時總是在抱怨上班好累、老闆好怪、健保制度好糟，但頂多只是改做兼職，並沒有人完全丟掉醫師白袍。我們的電腦裡都存有寫到一半的辭呈：「職因生涯規劃，擬辭去現職……」可是每次寫到一半，就會開始猶豫，找好友出來討論。有一次我們在Grace診所附近的咖啡店看我的辭呈，大家互相質疑著：

「喂！妳唸了整整二十三年的書！如果最後只是要當家庭主婦，當初何必那麼認真苦讀。」Ivory的意見。

「如果學生時代少花時間K書，趁著青春多談戀愛，說不定可以嫁更好的老公！」Grace說，努嘴示意我們看她身旁一桌很有質感的女性。

Grace湊過來小聲地說：「那個是XX企業的小媳婦，我幫她養的藍貓打過預防針，那隻值三十幾萬喔。」我們傻傻地看著她一身Chanel的行頭，任何人穿著那樣啜飲下午茶都會看起來很優雅吧。

Ivory嘗試自我安慰：「不用太羨慕嘛，我們也在喝下午茶啊！」

Grace瞪了她一眼，「是啊，可是我們等一下要用自己的薪水買單，妳想人家是用誰的錢？」

「就是啊！」我說，「而且我現在可以偷一點空檔喝下午茶，是因為我晚上要上夜診班，可能會到十一點啊！而且，妳捨得用自己辛苦賺來的錢去買那種二十幾萬的套裝嗎？」

Grace用力地點頭：「還有那種三十幾萬的貓！」

這麼看來，我們的辭職障礙在於不願意承認錯誤囉——試著解讀我們共有的心態，我提出一個假設：「妳們的意思是，如果做一個家庭主婦足以讓我們覺得愜意滿足，那不就代表過去耗費在學業上的心力和青春是白費了嗎？」

「為了抗拒這份不甘與懊悔，說什麼也不能辭職，一定要撐下去，證明自己是專業的女性菁英，不同於一般靠老公養的家庭主婦？」

Ivory和Grace楞了一會兒，接著大家都陷入沈思。

Ivory首先投降：「我實在很不願意承認，好像真的是這樣。」

我們一同看著Grace，她歪著頭半晌：「是沒錯啦，不過好像應該還有別的原因……」

「如果妳是靠老公吃飯，會擔心有一天老公拋棄妳怎麼辦？這應該是，安全感！對，安全感的問題啦！」

因為不敢期待愛情與婚姻的永久性，我們都是相信「活著要靠自己」的女人。

Grace說的沒錯，如果結了婚退出職場，拿老公的錢來用，萬一有一天這張飯票被取消了，能不能再回到職場呢？所以除了不喜歡做家事當黃臉婆之外，女人持續工作的另一個理由是：在職場上佔住一個位置。

以上我們是屬於嘴上嚷嚷不想上班，但看起來一輩子都會繼續上班的代表。相反地，Nana和Judy是我們之中最可能成為辭職先鋒的兩位，她們提供了如何狠心割捨工作的範例。

Nana是一個皮膚科醫師，結婚後從醫學中心換到區域型小醫院，生了第一個孩子後，從區域醫院換到更小的私人診所。不久前她生了第二個孩子，準備連診所都辭掉，成為全天候的媽媽。Nana認為帶小孩是一個足以說服所有人的辭職理由：「妳並不是在家吃閒飯啊！」

「孩子零歲到三歲的關鍵期，當然要由優秀的媽媽親自教育，妳認為妳會找到跟妳一樣菁英的保姆嗎？」這麼一想，Nana輕易地跳脫了我們無法辭職的心結——她將是一個在家帶小孩的菁英媽媽，她並沒有「白白唸了二十年書」，因為她要發揮自己的智慧與專業，用心打造兩個優質寶寶，一般保姆當然比不上她的資質。而且，也不能說她是「靠老公養」的懶惰女人，因為她可是全天候地工作——帶小孩呢。

Nana住在美國的嫂嫂說，現在美國婦女生小孩後幾乎都不上班，像她女兒班上，只有她一個媽媽是職業婦女。她說，「我想是因為稅制的關係，如果妳賺得不多，卻因為申報夫妻兩人都有工作，基本稅率往上跳一級，再加上保姆費，根本就不划算，還是自己在家帶好了。」

小孩果然是造成女人與男人工作態度不同的原因啊。

Judy是電腦工程師，她的個性從小就是盡責而求完美的，有時候老闆在傍晚毫無預警地要求加班，已經是女兒快放學的時候，她只好緊急通知老公去接她們。前幾天個性溫和的老公忍不住發飆，兩人大吵一架，老公說：「妳只顧工作不顧家人！」Judy說：「我對工作沒有什麼野心，隨時可以辭職啊！」

她以為這樣可以讓老公息怒，沒想到老公反而更火大：「對事業沒野心？那妳每天加班是為了什麼？妳愛上老

闆了嗎？」

Judy啞口無言，因為她自己也覺得說不通。她心情沮喪地跑來問我：「我明明對事業沒有野心，為什麼一上班就那麼投入呢？我看我還是辭職好了。」

我想Judy的問題出在她太好了——從小習慣了做乖乖牌，從好小孩、好學生到好員工，總是盡力符合所有人的期望，所以她無法拒絕加班的要求，而當工作上的要求與家人的要求衝突時，她才發現自己每天耗費十幾個小時去上班，根本只是一種慣性。然而，一旦看穿這一點，她就會毫不猶豫地辭職，成為一個快樂的家庭主婦。

回到我病人的問題——如果我是她，到底會不會辭職？或者說，我自己到底還會掙扎多久？

我決定這樣開始問：**如果妳中了樂透特獎，如果妳老公會養妳一輩子，如果小孩可以作為妳待在家裡的充分理由——還會不會有讓妳想繼續上班的因素？**

我想，這個問題的答案才是妳在工作上真正追求的意義！

女人私房記

我又遇到Daisy了。就是努力爭取離婚，事後卻因為發現先生早有外遇而後悔的那一位（請參考〈愛的資源回收〉）。

這次她看起來很開心，我試探著問：「事情處理得怎麼樣了？」Daisy說：「哈哈，那個男人又回來找我復合！」原來是前夫回心轉意，所以才心情愉快啊。我有點為她擔心，這種快樂能夠長久嗎？誰知道那個男人什麼時候會再做出令人傷心的事呢？

「他……他又搬回來了？」我心虛地四下張望，不知道Daisy跟他復合後有沒有把我之前勸她死心、勸她離婚的話告訴這個男人。萬一她說了，男人一定對我記恨於心，「妳這煽動我老婆造反的壞女人！」我會不會有一天被打啊？他可是一個有家暴紀錄的男人呢。

再次得到驗證了！安慰女性朋友時一定要謹慎，這種事不是常常發生嗎？明明說要跟男人分手，梨花帶淚地跑來哭訴，妳為了安慰她，幫忙罵罵那個負心男人，結果他們改天莫名其妙地氣消和好了，妳反而被出賣，她可能告訴復合的男人：「其實我也不想離開你，都是XX說你不好，勸我死心，我才會一時衝動說要分手啦。好愛你，抱一個！」

妳有沒有這種朋友呢？難怪大家都說要「勸合不勸離」，畢竟他們繼續在一起，互相虐待受苦，大家都認為那是前世欠下的情債，不會有人怪妳沒盡到朋友規勸的責任，但是如果勸離不成，妳就成為挑撥離間的惡人了。

Daisy大概看出我尷尬的表情，她拍拍我：「沒有，我才不會答應讓他回來呢！我現在發現，自己住一間房子，沒有男人好棒喔！更何況，他想回來還不是為了這間房子，他不會跟那女人分手的，可是現在我有錢又有房子，他後悔了，想回來分一杯羹，下次再離婚他就不會同意給我了，我才沒那麼笨呢！」

最重要的是，Daisy說：「上次不是去妳那裡聊天嗎？回來之後，學妳那樣把我家改裝了，現在每天一回家就好開心。」

Daisy的自信出乎我的意料，想想她幾個月前的猶豫不決，最後讓她改變的力量不是朋友的支持，而是擁有自己喜歡的房子！她所指的不是我跟老公住的房子，而是我自己從婚前到現在一直保留使用的小屋。

什麼樣的房子可以讓一個女人變得堅定自主呢？

周圍的女性朋友，並不是每個人都擁有自己的房子。許多人婚前一直住在家裡，結婚後搬進婆家，或是跟老公住進新的房子。在單身時就離家自己住的人，多半是因為在外地工作，屬於租屋族，她們一旦結婚，就會退掉單身時的住處。

不過，我卻很幸運地擁有自己的房子。到三十歲還沒結婚的我，總覺得老大不小地還住在家裡很不方便。例如交男朋友、生活不規律之類的壞事，都會因為住在家裡而有所限制。

一事無成的焦慮，青春流逝的恐慌，以及沈淪於一段病態愛情的折磨，令當時的我陷入窘境。在憂鬱的日子裡苦苦思索，我逐漸明白我需要一間自己的屋子。一個按照我的喜好設計，讓我能做自己的屋子。

雖然不能具體說出搬出家裡、離開家人、住進新房子的我究竟會怎麼突破窘境，但就是隱約地知道，一切會不同。這就像是所謂的自知之明吧，人總會本能地知道自己需要什麼。另外，因為我的東西太多，感情不順時脾氣又壞，說要搬出來住時，老媽也覺得如釋重負。

我並不是為了工作才搬出來的，純粹是決定要擁有自己的基地，這是「長治久安」的考慮，我告訴自己，如果嫁不出去的話，這就是一輩子的窩了。即使結了婚，我還是要保有自己的領土。我休了兩個月的假，每天拚命地逛家具店，一遍遍地跟設計師討論格局，花光了工作四年的積蓄，買了一些搬回來總還是不夠滿意的家具，獨自費力地把它們推來推去、搬來搬去，做各種排列組合。

終於，我有了一個可以坐在裡面化妝喝茶的浴室，一面廣大的書牆，一個小巧的ㄇ字形、適合每天做沙拉的廚房，還有四面環鏡的更衣空間。別誤會！我跟大家一樣買不起豪宅，這些空間聽起來很奢侈，其實我的房子並不大，只是徹底拋棄了傳統家庭式的結構，把原本預設為「父母房」、「小孩房」、「半套衛浴」等等的坪數用來滿足一個都會女子的需求。

結婚後我有了另外一個家，偶爾住住這邊，偶爾住住那邊，我深刻地體會到兩種格局對心境具有的不同影響。我認為傳統家庭住屋的格局根本不能符合一個女人生活的夢想，客居一般的感覺，讓女人永遠期待著一個不可得的心靈歸宿，永遠無法有獨立感。

每次有人問我：「妳那間房子的裝潢是什麼風格？」我都會說：「女性本位風格。」因為它真的是為我量身打造的。一般保守的長輩見到我的小屋時，都會皺起眉頭說：「這個空間怎麼設計這樣啊？以後妳結婚了根本不能住……有小孩怎麼辦？」可是，如果是年輕的女性朋友，沒有一個不愛我的房子。這也是大家跟男友或老公吵架就喜歡來找我的原因之一。

我清楚地記得，搬進那個房子後不到一個月，我就跟當時「歹戲拖棚」的那個男人分手了。我相信擁有喜歡的房子可以讓女人感受自己的主宰力，當主宰感強壯的時候，女人將會發覺自己再也不能忍受不合理的對待。

如果妳長期陷於自虐式的感情關係，試著弄一個自己的房子吧！多小都沒關係，但是一定要做出妳的「女性本位風格」喔！

「千面女郎」憂鬱症

根據世界衛生組織提出的數據，女人比男人容易得憂鬱症，而且機率可能高達男人的三倍。在一百個女人當中，約有二十個會在她人生的某個時期經歷憂鬱症。雖然這是國外的數據，但我想這是真的，因為我的憂鬱症特別門診總是以女性佔大多數。

我在這裡認識了許多女性，年幼、年輕、年長的，學生、主婦、上班族或自由業，形形色色，每個人各有獨特曲折的經歷。共同的是，在某種困頓或挫折中，她們失落了歡顏，連一點輕鬆愉悅的心情都不可得。在這個診間，病人常常會哭，所以細心的護士小姐都知道要在上診前特別準備面紙。每次看著她們一邊訴說，一邊掉眼淚，我眼前就會升起一個問號：

憂鬱真的是女人的宿命嗎？

Fion最近又讓我開始思考這個問題。婚前的她是一個專業的程式設計師，白天全力工作，下班後隨性地逛逛街，或是與好友小聚，到處尋找精緻的小店，進行她們最喜歡的活動——「喝咖啡，聊是非。」不想出門時，就陪媽媽窩在沙發上，一起泡茶、看電視。

「那時候從沒想過人生會有什麼解決不了的事。」她說。

但我在門診看到Fion時，婚後四年的她已經擁有數不清的煩惱，在工作、婆家、娘家、先生、小孩之間像陀螺似地轉個不停，完全沒有自己的時間。她不再逛街了，沒時間回娘家陪媽媽，更不要說跟朋友喝咖啡了。

還有，她的情緒一直很煩躁，一點點小事就會讓她抓狂。她覺得生活毫無樂趣，還同時患有好多種身心失調的症狀：整天都覺得好累好累，沒辦法集中注意力，工作時頻頻出錯，幾次忽然找不到老闆剛剛才交給她的重要文件，被臭罵一頓。這些身心不適造成她三天兩頭請假，工作一再延宕，屢次遭到主管申誡。

她失眠、吃不下飯，對自己完全失去了信心。最後她開始想著：「這麼糟糕的人生，我為什麼不乾脆結束算了？」

用醫學的話語來說，Fion患了憂鬱症。

「憂鬱症？意思是精神異常嗎？還是神經錯亂？」聽到我的診斷，她嚇了一跳，「為什麼我這麼倒楣，會得到憂鬱症？」

「憂鬱症並不是精神異常，通常是受到壓力後身心失調的反應。」我拿出憂鬱症的診斷表給Fion看。

「至於原因，最清楚的其實是……妳自己！」

她困惑地看著我，似乎覺得我這個醫生在推託責任，怎麼會說病人比醫生更瞭解病因呢？

「根據某些醫學理論，我可以說明為什麼妳的身體會在壓力下產生失眠、倦怠等症狀，我也可以給妳改善情緒的藥物。不過，醫學知識說不出妳的心聲，如果要找出令妳憂鬱的癥結，還是需要徹底的『自我覺察』與『自我分析』，在這部分，自己才是最懂的專家。」

我建議Fion開始做一種認知心理治療，方法是逐一標認自己承受的壓力，檢查這些壓力的總和是不是過度，如果是，就要盡快進行某些改變以減少壓力。這聽起來簡單，但事實上每次都很困難——因為她已經習慣壓抑內心的不滿，總覺得所有事情都是自己「應盡的責任」，簡單地說，她不知道自己正在承受壓力，她只會「怪自己」而不會「怪別人」。

經過幾個星期的討論和不斷地鼓勵，Fion才漸漸學會如何標認加在她身上的壓力。她是在一個單親家庭中長大的，深知母親獨力持家的辛酸，所以她從小就對家人具有很強的責任感，也一直是母親最貼心的女兒：

「不管多累、多麻煩，只要看到媽媽和家人的笑容，自己便覺得踏實。」

然而，結婚後的她卻開始體會到，不管多麼努力，好像都逃不開「做不好」的愧疚感。每天快下班時，她就開始掙扎，今天該回娘家陪媽媽，還是回家做飯等老公呢？媽媽年紀大了，如果Fion沒回去，通常就是吃稀飯配醬瓜。但是，老公的健康檢查顯示膽固醇過高，婆婆才打過電話，叮嚀她要多在家裡煮飯，不要讓老公常吃油膩的外食。而且，好友最近才跟外遇的先生離婚，語重心長地告訴她，一定要多花心思跟老公相處。

她常希望自己能分身兩處，一個陪媽媽，一個陪老公。

「不過，或許兩個也不夠，還要有一個留下來加班，不要讓主管老是譏笑女人婚後就沒業績；一個上健身房，運動做SPA，維持曼妙的體態容貌，以備不時與老公可能的外遇對象競爭。」

「啊！最好還有一個負責跟婆婆聊天，逗他們開心，公婆就不會再抱怨我不夠融入他們家了。」

麻煩還不止於此——沒生孩子之前，她擔心自己不孕，忍受了許多難熬的檢查和針藥，好不容易生了小孩，卻到兩歲還不會說話，醫生說「媽媽要多跟孩子說話互動」，這下慘了，家人都認為問題出在她跟小孩說話的時間不夠！她又背上了疏於照養的罪名，於是，她希望自己再有一個分身「負責整天跟女兒講話！」

當然，Fion是不能分身的，她只有一個身體、一顆腦袋！這個身體在各種角色間疲於奔命，不斷地轉換角色，一下要做辦公室裡幹練的設計師，一下要變成溫柔的母親，還有勤勞的媳婦、迷人的妻子、孝順的女兒……因為角色太多，心力交瘁，結果注定每一樣都做不好。在每一個角色上，都有人責備她未能盡善盡美，即使沒有人責備，抱持完美主義的她也會自責。

於是，Fion的自信在這些不滿中漸漸磨損。另一方面，她完全沒有抽空休閒或調劑身心的時間，累積的壓力從未抒解，有增無減，最後造成她身心崩潰。

「妳的問題就在這裡！妳需要扮演的角色太多了。妳就像個千面女郎，需要不斷地轉換，但事實上，各種角色之間是會衝突的——時間上、心力上都會衝突。」連我都為她的處境深感無力。

Fion告訴我她的恐懼：「如果有一天，老闆開除我，我沒什麼好說的，因為我的業績真的比別人差；如果先生有外遇，我也不能怪他，因為我沒能經營一個溫暖的家，又沒時間打扮自己；孩子發展遲緩，大家都說是我年紀太大基因不好，不然就是只顧工作沒帶好；每次朋友約都沒時間去，現在連個談心的人都沒有。如果有一天我媽走了，我大概會痛哭，陪她的時間根本不夠。我什麼都沒做好……」

需要Fion擔心的事太多了。然而，她並不是特例，身為女人的妳我之中，有多少個Fion？多重的角色，不可能的任務，以及注定的挫折感。是這些問題造成女性普遍的壓力和身心症狀，醫學所能解釋的，只是其中的一小部分。

追求完美、努力盡責的妳，是否也覺得感同身受，甚至已經達到憂鬱症的程度了呢？

留點時間給自己吧！觀察自己的身心健康，如果妳有類似Fion的症狀，拿出紙筆，下面的練習可以幫助妳瞭解自己不知不覺中承受的壓力，思考長期疲倦、緊張、情緒緊繃的原因：

一、畫一個時間表，記錄自己一週的作息，包括所去的地方、所見的人和所做的事。

二、從記錄表中檢查自己的角色，首先是粗略的類別，例如：職員、母親、女兒、妻子、媳婦，接著分析詳細的內容，如洗衣婦、清潔工、廚師、美女、愛心傳播……等等。

三、在每項角色旁邊寫上自己對這項角色的要求與標準，列出「完美」、「還好」、「不及格」三種等級的標準，並且估計需要花費的時間。

例如「妻子」這個角色，妳可以列出「完美」的標準是：「美麗賢慧，每天煮飯（需要每天三小時），家中一塵不染（需要每週四小時），隨時滿足先生的需要」等等。而「還好」的標準就比較簡單，像是「衣著整潔，每週煮飯一次」就可以。

四、選擇自己在各種角色上想要達到的標準，接著計算總共需要的時間，如果超過可能負擔的限度，妳就必須降低對某些角色的要求。例如，由於時間和心力，妳不可能兼顧加班與好妻子的角色，所以妳可以降低對「妻子」這個角色的自我要求，不用做到「完美」，只要做到「還好」就可以了。

五、重複修改，直到妳對自己的各種角色列出合理的要求，也就是一張新的「角色任務表」。根據這項新的角色任務表，改變自己每個角色都要做到完美的期待，拒絕別人超過任務表的要求。

妳的家人或老闆可能會反對妳的新生活，因為妳開始拒絕某些過度的要求，他們的需求不再無條件地被滿足。這時妳必須學會堅持，以新的標準來評價自己，不要用單一角色的標準來要求多重角色的自己。另外，如果妳的症狀嚴重，在下列症狀中出現五項以上，持續兩週以上——

一、持續的心情低落或煩悶、易怒。
二、對原本喜歡的活動失去興趣。
三、食欲改變（增加或降低）以及明顯的體重變化。
四、失眠或多眠。
五、精神激躁，或精神遲滯、反應緩慢。
六、喪失精力或疲倦。
七、不必要的自責、罪惡感或無價值感。
八、無法集中注意力，猶豫不決。
九、想到死亡或是自殺。

並且因為這些症狀，影響到妳的生活或工作表現，就已經是臨床上需要被治療的憂鬱症了。這時候，妳需要找個好醫生，和妳一起探討憂鬱的病因。最重要的還是肯定自己，在各種角色間有所取捨，妳並不需要強迫自己成為一個面面俱到的千面女郎！

抗憂鬱的其他方法

每次當我對心情憂鬱的病人說：「症狀這麼嚴重，開點藥給你吃。」病人就會問：「有沒有其他方法？」

治療心情鬱悶的其他方法？

應該有吧。想想，抗憂鬱藥只不過是最近五十年的科學產物，那以前的人怎麼辦。

看看我的朋友們用什麼方法。

週末找不到Amy，到了半夜才回電。

「妳跑到哪裡去了？」下午被放鴿子、站在百貨公司門口一個小時的我生氣地說。

「我去泡湯。」

簡短的回答。認識她快二十年了，我知道這種回答的意思就是：「我心情不好，很差，簡直是非常非常地惡劣，我不想煩朋友，只好去泡湯。妳能聽到我活著回電已經不錯了，所以妳就別再計較我放妳鴿子的事了。」

Amy只要心情不好就會去泡湯，外文系畢業的她應該是受到許多西洋文學名著的啟發，對溫泉的效果特別有感應。歐洲小說裡不是有很多搬到溫泉地去療養的貴族嗎？這是Amy至今沿用的抗憂鬱方法。

她說：「泡湯的過程就像一場完整的心靈治療。首先一定要獨自開車，『感覺自己是一個孤獨卻在移動的女人』，意思是『沒有男人我也能到比較遠的地方』，以及『沒有男人我也可以去郊遊』。找到山上熟悉的某家溫泉旅館，『熟悉的地方就像回家，可以撫慰受挫的心』。安頓好後脫光衣服，在沐浴時，用最好的去角質產品蛻掉一層舊皮，這些步驟都是為了『脫殼』，象徵『脫去外在的束縛與困境』。然後泡進熱湯裡，讓毛細孔張開，心肺身體都呼吸硫磺的味道。一般人認為溫泉的成分是發揮療效的關鍵，妳想知道的話，去看溫泉旅館同業公會的促銷文宣，不勝枚舉。」

不過Amy還強調一個文宣中沒提到的效用——泡湯時，雖然她面無表情地蹲踞在池裡，卻不時打量著各種體態的女人，屢次肯定自己的副乳、小腹、和橘皮組織都很正常，「每次去泡溫泉看到這些正常的女人，我就會罵一次——雜誌上的模特兒照片一定都有修片！哪有女人身體那麼完美，根本是騙人的，其實我好得很，不需要節食，不需要運動，也不需要買新的保養品來抹。」

我嘗試用比較醫學的方法解釋泡湯對Amy心情的效用：「熱水浴可以使肌肉放鬆，一方面會因為舒服而愉快，另一方面，因為溫度使體表血管擴張，血液循環至體表，所以相對上大腦中樞的血液會少一點，妳會覺得有點重重暈暈的，就比較不會胡思亂想啊。」

「什麼？妳不要講了，不要破壞我泡湯的詩意結構好嗎？這是我唯一的抗憂鬱方法，妳不要把我弄沒效了！」Amy討厭我的科學理論，認為這會使她在泡湯時失去自我催眠的神奇療效。

好吧。其實我很羨慕她，有這麼簡便的方法可以改善情緒。泡湯對我好像沒那麼有效，果然懂太多醫學理論不見得是好事。

看看其他朋友還有沒有其他抗憂鬱的方法——話說被Amy放鴿子那天，我已經打扮好出門，不想立刻窩回家裡。但已婚的朋友週末都不自由，我試過說服皮膚科醫師Nana和電腦工程師Judy：「妳都窩在家裡帶小孩不會憂鬱嗎？出來逛街啦！」她們的答案好一致：「我很忙，哪有空憂鬱！妳們這種沒小孩的閒人，太好命才會憂鬱啦！」小孩的尖叫聲與玩具火車「嘟嘟！搶~戚搶、戚搶……」的聲音從電話中傳來。或許養小孩也是一種抗憂鬱方法吧？

我轉而找未婚的朋友，但是像Grace人氣太旺，忙著約會，一樣沒空。我打了半天手機，最後只有Celina可以跟我碰面。

「不過妳要到行天宮來找我！」Celina說。

我在行天宮前下車。沒想到週末有這麼多人聚集在廟宇，比正在送贈品的百貨公司還要擁擠。行天宮入口的門檻很寬，照理說是超過一個女孩子的步寬了，但我還是清楚地記得阿媽交代過，不能踩踏門檻，一定要跨過去。正當我準備邁出大步時，看到前面幾個打扮入時的年輕女孩，足蹬三吋高的細跟涼鞋，一個個熟練地跨過門檻。這種感覺真是特別，原來廟裡早已不是歐巴桑的地盤了。

看著這麼多人虔誠地膜拜，跪禱的墊席一位難求。我有種念頭，如果在這裡發憂鬱症篩檢量表，會不會發現很多病人啊？其實，如果我自己遇上不能解決的麻煩，心裡第一個想到的可能也是拜拜而不是吃藥。

點上香，我覺得好想念阿媽。煙霧繚繞的香爐，巨大的關公聖相，小女孩時被阿媽牽著手的記憶，我感到失落已久的安全感似乎有點回來了。最近老是莫名其妙地頭痛，如果阿媽知道，一定會說我是在醫院被什麼東西嚇到，這麼想著，我自動排進了收驚的隊伍。

Celina看到我時，我正站在「菜姑」阿姨面前，專心感受著她結手印、唸咒，把我的三魂七魄，一個個輕輕召回，隨著柔緩但堅定的手勢，送回我不安的軀體。那是無比的踏實感，一個完整的自我在心裡復甦。

Celina調侃我：「妳站在那裡的樣子好像乖乖的小朋友。」

「我的確覺得身心無比安適。要感謝妳叫我來呢！」我說。「那妳呢？來問什麼嗎？」我看到她手中握著一張「中平」的籤詩。

「就是來問那個豬頭的事啊。」Celina的前男友最近跟未婚妻分手，回來找Celina，但卻陰晴不定，一下說要跟完美的她結婚，一下又說她是世界上最自私的女人，讓她心浮氣躁。

「結果如何？」

「嗯……『纔發君心天已知，何須問我決狐疑』，解籤的師父說，這句『何須問我決狐疑』，意思就是我自己要拿定主意，如果自己心意未定，問神也沒用。」

「那不是跟上次被妳『開除』的心理治療師說的一樣嗎？」Celina曾經聽我的建議去做心理治療，治療師說她的問題就是猶豫不決，Celina大為不屑道：「這不是廢話嗎？」就再也沒去了。

「喂！我求神是心誠則靈，看妳們這種心理治療門診一次要三千塊耶！」

唉，病人對心理醫師的期待真是不合理啊，那位治療師是個凡人，凡人能跟恩主公說出一樣的話，不是已經很厲害了嗎？連這樣都還會被病人開除，我不禁擔心自己未來的事業，會不會無法養活自己啊？

真是令人憂鬱，不如，我也來抽隻籤吧！

大齡女子

以往我接到的採訪主題不外是「兩性溝通」「婚姻秘訣」或「女性如何做自己」，但今年收到的邀約竟然都是「大齡女子」！第一次我請助理婉拒，覺得對方真是沒禮貌，有必要這樣提醒我年紀大了嗎？接著另一家雜誌又提了同樣的主題、然後還有第三家、第四家……「不能談點別的嗎？」我對年紀只有我一半的助理大聲抗議（奇怪又不是她的錯）。助理像安撫動物那樣柔聲地對我說：「請冷靜。如果一直拒絕，會不會讓大家誤以為您很在意年齡呢？」於是我只好強顏歡笑地接受。接著助理幫我上了一課，原來現在的流行語稱中年女人為大齡女子。這詞很好，但我還是對「歐巴桑」或「大嬸」比較有認同感（果然是歐巴桑——無法接受新事物）。以下是我和身邊歐巴桑們的心得。歡迎二、三十代的妙齡美眉也來看看，您應該會感嘆「比起歐巴桑，無論如何我還是優勢啊！」就算在失戀中也會發現「能為感情如此牽掛也不過這幾年了」，因而感到幸福吧！

回憶

變成歐巴桑的好處之一，就是常常可以說「十年前」「二十年前」「三十年前」，數大便是美，數值越大越有力。不過，不知是記憶力衰退，還是歷史事件陳放太久變質了，歐巴桑回憶的事情，與事實常有出入。例如，出現於本書的幾位要角，是我的高中同學，最近有人說起懷念以前去福利社買熱騰騰的麵，有人深感困惑：「蛤？我們學校有福利社嗎？」歐巴桑們分成兩派，一派肯定「有福利社」，一派堅稱「妳們記錯了那應該是妳們大學的福利社」，雖然各執一詞，但各人對於自己的記憶其實都不敢完全信任。兩邊合力求證，經過多方考據，還挖出校園平面圖，終於拍板定案：「母校是有福利社的」。哼，我一直記得就是有的，因此看到結論時很得意。沒想到接下來有人說「惠文以前常常去福利社買布丁」，我的自信瞬時瓦解了，什麼！福利社不是只賣熱食嗎？然後我們又吵起來，關於有沒有賣熱食，有沒有賣零食，而大家都說沒有賣包子……此時我突然驚覺，我一直確信存在的敝女校的福利社的畫面，應該是建中的福利社，因為記憶中我是去買包子。（讀者之中如果不巧有建中畢業的歐吉桑，請不要告訴我建中的福利社沒有賣包子，這打擊太大了我會失去最後的自信而不知如何生活下去。）

連福利社這種輕鬆又明確的記憶都會亂碼掉，更不要說是歷史上的男友了。「我最近收拾東西找到以前J哥送給我的銀手鍊，居然都沒有變黑耶！想想他對我的愛就像純銀一樣呢！」喝茶時歐巴桑一號甜滋滋地說。我很想告訴她，那個明明是P送妳的，因為他那時不知道要送妳什麼還跑來問我，去買手鍊之前他還抱怨妳有夠難搞自以為是公主。可是我沒有說，為什麼沒說？當然是因為我捨不得傷朋友的心，不過坦白講我也不確定我是不是把她的事跟我自己的搞混了。那天晚上，我夢到某前男友來跟我說：「最近手頭很緊，以前送妳的金手鍊可以還我嗎？」我說你送我的明明是銀的，怎麼可以說謊要騙金的回去？然後我醒過來不斷想著：金斧頭與銀斧頭的童話故事，寓意是什麼？在枕邊摸到眼鏡戴起來一看，才清晨五點，接著就完全睡不著（早醒無疑也是歐巴桑的標誌之一）。我也不只一次懷疑過，分手時說我一定會嫁給無趣的男人的，到底是哪一位呢？

另外有一些歐巴桑不喜歡玩回憶的遊戲。「我不常回顧，認真活在當下，哪有閒暇回顧。」實情是，就算有閒，想起曾經奔放而不受限制的過去，心口就會發緊抽痛。接著就得區分這純粹只是感傷，還是更年期的心悸？需要全身健康檢查嗎？稍一多想就又失眠了（如上所述）。不再像年輕時禁得起憂慮，所以明哲養身的歐巴桑都在學習得過且過，能忘就忘。

男人

站在年齡的高處俯瞰，不少歐巴桑開始享受所謂「小鮮肉」的風景。可惜我不太明白她們在享受什麼，小鮮肉又不會欣賞我們。不論他樣貌多俊秀，聲音多性感，一叫我「大姐」，都很倒胃口。「如果還需要被欣賞，代表在歐巴桑的發展上，妳尚未蛻變完成。」Grace說。

像我一般，尚無餘力關注小鮮肉的，四十代的資淺歐巴桑，多半還在調理（或清理）原有的婚姻關係。不管以前多麼文青或多麼野狼，丈夫們現在也都是大叔了。大嬸與大叔的糾葛，很少被公允的探討。兩性作家好像都只管對年輕女人說話（就像本書前面一樣），電視節目製作人也不願意投資這種主題，畢竟觀眾只想看偶像談戀愛，大叔大嬸不管是親嘴或是吵架，畫面都滿礙眼的。所以歐巴桑在處理感情婚姻的困擾時，真的非常孤單。

其實，相較於年輕女人蝶亂蜂喧的世界，歐巴桑繁花落盡的內心只剩下兩個終極的問題：

我還要忍耐嗎？

我還要期待嗎？

理想幻滅，看見人類的極限，發展正常的歐巴桑應該不再期待依賴男人，明白男人就跟我們一樣軟弱。父母、小孩、髒衣、錢坑、漏水的鄰居……麻煩事都丟給老婆的；不學溝通表達，稍不如意就發怒、關閉或另覓女性知音的。

相較起來，神經衰弱怕吵的、潔癖怕髒的、不知為何就不舉的、只對外人親切的……不過是常態罷了。

不再期待改變男人，也不再期待下個男人更好，歐巴桑只願把自己的後半生過好。一旦認真面對自己，問題可多了！這輩子想要實現的，熱情、智識、靈性、美感……該不該繼續追求？如果要繼續追求理想，身邊那個不能共同前進還不停製造阻礙的男人，該如何處置呢？歐巴桑面臨著抉擇——自己離開牢籠？請男人出走？或者可以待在同一屋簷下，但不再有高我的往來，只剩下共用浴廁的低層關係？

年輕時為了愛情和對象精進不懈的Amy，趕在三十五歲前結了婚，剛開始生活非常順利，兩個人愛吃什麼就吃什麼，愛去哪裡就去哪裡，睡得飽玩得好工作也正常。然後他們生了小孩，一切就變了。

「那幾年我過著不像人的生活，不是因為小孩的需求，而是他嚴苛的要求。」討論這種事，夫妻雙方總有不同的視角。Amy認為老公眼中只有小孩，完全忽視她的人權，甚至到了虐待她的程度。就我的瞭解，Amy的老公並沒有那麼惡意，他只是對於小孩應該如何生活有著極高的標準，問題出在這位好爸爸每天拎了包包就去上班，在家照顧小孩而被高標準累趴的是Amy。例如，接觸小孩的人要無菌、所有比沙發硬的家具都不能用、小孩的需求都要立刻被滿足……難得有個假日老公在家，只要小孩一找媽媽，老公就怒斥「妳在幹什麼還不過來？」白天累就算了，像睡眠訓練這種事，老公也認為會傷害小孩的心理而禁止執行，因此前幾年Amy每晚都要起來三四次。起來幾次沒關係，很多媽媽都是邊睡邊餵胡亂繼續睡，可是老公還規定不能在床上哺乳，Amy每次都得大動作把小孩抱到椅子上哄，等到小孩再度睡熟，至少要半小時或一小時，然後Amy就睡不著了。起初她對這一切都是母愛滿溢的無怨無悔，一年之後赫然發現自己已經變成失眠焦慮憂鬱妄想的精神病患了。

「我說我也想回去上班，他只說『找保姆』，然後都是我在找。為什麼帶小孩是我的職責？找不到保姆，他仍然可以過日子，我卻得一輩子被綁在家裡？」

「哈哈！妳不會一輩子被綁在家裡啦！沒有那麼好的事。小孩再過幾年就不理妳了。」Grace說出殘酷的事實。她想趕快關上Amy抱怨的嘴，以便討論她女兒開始交男友的事。

有的抱怨被綁在家裡，有的感傷空巢，有的已經離婚……每次聚在一起談到這兒，歐巴桑的收尾就出現了：「人生就是這樣啦！不要想太多啦！我們下次要去哪裡吃？」

生存

其實歐巴桑的收尾是很睿智的，吃很重要。能吃，就是活著。專心想著要好好活著，能清理的、能保留的、能追求的，就用當天有的力氣盡量做。不知道該如何做而迷惑時，就休息。有力氣時問問自己：妳有沒有為自己負責？

如果只是哀怨被誰害得很苦，就會繼續迷惑。

認真問自己：為什麼勉強配合別人？為什麼沒有做自己想做的事？為什麼

做了自己不贊同的事？

害怕失去愛，害怕別人的憤怒，害怕關係斷裂，害怕孤單，我們做了多少對自己不忠的事。

不整理自己的話，一切只會重複。

面對恐懼。不再屈從。看看自己為了遮風避雨，躲在那狹小地方，屈膝躬背、蜷縮四肢的樣子。

對他人的失望，其實是對自己的失望。修理關係之前，必須先修理自己。

在愛之中我們曾經愚蠢，相信傻人有傻福。現在我們有點不同。不是變得計較，而是認清自己的能力有限。承受負擔的能力、調節情緒的能力、照顧人和照顧自己的能力，都是有限的。所以我們只做負擔得了的事。在他人眼中，歐巴桑不像以前那麼美好了。這不是一種主動的選擇，而是，為了活下來，就變成這樣子了。

即使用青春燃燒的愛逐漸成為灰燼，我們還是守在一旁，等著看看有沒有煉出一點滴，金一樣發光的東西。
這就是歐巴桑的勇氣。

非常關係

平常關係，需要用心。非常關係，需要用腦……

抱著前男友送的比得兔，故作鎮定地道謝，以為自己夠堅強，夜深人靜時卻不敢正視「它」的眼神；待在只有自己一個人的咖啡座裡，情緒終於崩潰，像把所有心痛一次宣洩光地放聲大哭……用力地愛，深深地痛，人與人的關係是如此複雜難解，我們內心有數不清的疑惑，卻總是找不到滿意的答案。就在本書中，47個我們最想知道的問題，鄧惠文提出了最獨到的分析和建議、最柔軟的慰藉與撫觸，陪伴天下有情人掙脫兩性關係的迷思，破繭而出！

直說無妨 非常關係 2

非常關係，非常迷亂，愛，直說又何妨！

如果愛情是標點符號，熱戀的天空一定佈滿了「驚嘆號」！可惜當現實中產生種種磨合時，卻忽然發現「問號」怎麼應接不暇？或許這根本就是一場錯誤，偏偏甩不開、想不通，就像「刪節號」沒完沒了……就算好不容易排除萬難，走進婚姻，仍然要為金錢、外遇、小孩困擾，絕對無法用從此幸福快樂加上一個「句號」作結束。愛就是這般糾結，經由鄧惠文的專業剖析與案例分享，我們才終於看清感情最真實的樣貌，並學習到：愛，本來就該直說無妨！

國家圖書館出版品預行編目資料

愛情非童話——給妳的床邊故事 / 鄧惠文著.--初版.--臺北市：平安文化. 2017.04
面；公分（平安叢書；第0553種）（兩性之間；38）

ISBN 978-986-94552-1-3（平裝）

1.戀愛 2.兩性關係

544.37 106003507

平安叢書第0553種
兩性之間38
愛情非童話
給妳的床邊故事

作　　者—鄧惠文
發 行 人—平雲
出版發行—平安文化有限公司
台北市敦化北路120巷50號
電話◎02-27168888
郵撥帳號◎18420815號
皇冠出版社(香港)有限公司
香港銅鑼灣道180號百樂商業中心
19字樓1903室
電話◎2529-1778　傳真◎2527-0904
總 編 輯—龔橞甄
責任編輯—張懿祥
美術設計—嚴昱琳
著作完成日期—2017年1月
初版一刷日期—2017年4月
初版五刷日期—2021年3月
法律顧問—王惠光律師

讀者服務傳真專線◎02-27150507
電腦編號◎380038
ISBN◎978-986-94552-1-3
Printed in Taiwan
本書定價◎新台幣320元/港幣107元